Josef Schaller

**Topographie des Königreichs Böhmen**

darinn alle Städte, Flecken, Herrschaften, Schlösser, Landgüter, Edelsitze, Klöster,

Dörfer, wie auch verfallene Schlösser und Städte, (Teil 8)

Josef Schaller

**Topographie des Königreichs Böhmen**
*darinn alle Städte, Flecken, Herrschaften, Schlösser, Landgüter, Edelsitze, Klöster, Dörfer, wie auch verfallene Schlösser und Städte, (Teil 8)*

ISBN/EAN: 9783743692275

Hergestellt in Europa, USA, Kanada, Australien, Japan

Cover: Foto ©ninafisch / pixelio.de

Weitere Bücher finden Sie auf **www.hansebooks.com**

# Topographie
## des
## Königreichs Böhmen,

darinn

alle Städte, Flecken, Herrschaften, Schlösser, Landgüter, Edelsitze, Klöster, Dörfer, wie auch verfallene Schlösser und Städte unter den ehemaligen, und jetzigen Benennungen samt ihren Merkwürdigkeiten beschrieben werden.

### Verfasset von
### Jaroslaus Schaller,

a St. Joseph Priester des Ordens der frommen Schulen, Ehrenmitgliede der königlichen preußischen Gesellschaft naturforschender Freunde in Berlin, und Halle, und wirklichem Mitgliede der gelehrten Gesellschaft in Jena.

## Achter Theil.
## Berauner Kreis.

Prag und Wien,
in der von Schönfeldschen Handlung 1788.

Seiner

Hochreichsgräflichen Gnaden

dem

Hochgebohrnen

Herrn Herrn

Franz Joseph

des
heiligen römischen Reichs
Grafen
von Wrtby
Herrn
der Herrschaften Konopischt, Benicz, Mracz, Hohen- und Wydlakowa Lhota, wie auch der Herrschaften Krjimicz, Nekmirz, Augezd, Zinkau, Groß Petrowicz, Metschin und Mecjkau, Obersten Erbschatzmeister im Königreiche Böhmen, und Ritter des Großherzogl. St. Stephanordens von Toskana.

Gnädigsten

Herrn Herrn

widmet in schuldigster Ergebenheit
der Verfasser.

# Vorrede.

Noch allemal erkenne ich mit wärmsten Danke die rechtschaffenen Gesinnungen meiner edel denkenden Patrioten und Gönner ungeändert, die nicht nur dem jährlichen Anwachse, und glücklichen Fortgange des von mir unternommenen Topographischen Werkes mit günstigen Blicken entgegen sehen, sondern auch sich würdigen diese dem Vergnügen, und Nutzen meiner theuersten Patrioten gewidmete Arbeit auf alle mögli-

## Vorrede.

mögliche Art zu unterstützen, und mich von Jahr zu Jahre mit neuen Beyträgen und Dokumenten in Betreff der ihnen genau bekannten Gegenden zu versehen. Solcher Ursachen wegen sehe ich mich verpflichtet dem Herrn Joachim des heil. röm. Reichs Grafen v. Sternberg, dem Hrn. Johann Nep. Scheppel, Sr. k. k. ap. Maj. Rathe bey den kön. Landesrechten, dem Herrn Joseph Biener Ritter von Bienenberg, wie auch den hochw. Herren Joseph Kazdy Archiepisc. Vicario Foraneo, Domherrn an der uralten Kollegialkirche in Altbunzlau, und Dechant in Beraun, Johann Michalowitz Dechant in Pardubitz, Anton Franz Melzer, Pfarrer in Herzmannmiestecz nach Würde, Stand und Gebühr meinen schuldigsten Dank hier öffentlich abzustatten.

Dem geneigten Leser dienet ferner zur Nachricht, daß er eben so in diesem gegenwärtigen, wie in den übrigen Kreisen einige

## Vorrede.

nige Herrschaften theils ganz, theils aber nur zum Theil in ganz andern Kreisen antreffen werde, als selbe in den Erberischen Landkarten angemerkt vorkommen; die Ursache dessen ist, weil die Eintheilung der Kreise in Böhmen von Erbers Zeiten her um ein merkliches abgeändert wurde. Eben dieses veranlasset nun den edlen Herrn Johann von Schönfeld zu einem größern Behufe derjenigen, die sich mit der Lektur der gegenwärtigen böhmischen Topographie beschäftigen, eine Auflage der Erberischen Karten nach der jetzigen Eintheilung mit ehestem zu veranstalten, und dann wird jedermann ganz deutlich einsehen, wie genau solche Karten mit diesem meinem Werke übereinstimmen werden. An meinem Fleiße soll es gewiß nicht mangeln noch die übrigen sämmtlichen Theile dieses topographischen Werkes in die Hände meiner günstigen Leser baldigst zu liefern, besonders da

schon

### Vorrede.

schon wieder vier derselben bey mir im Manuskripte fertig liegen, wie ich auch nicht zweifle, daß die kön. Herren Kreishauptleute mit der Zurückstellung der ihnen von dem hochlöbl. k. k. Landesgubernio zugeschickten Manuskripten, der edle Herr von Schönfeld aber mit der Beförderung des Druckes aus eben diesem Endzwecke keineswegs säumen werden.

Prag den 1sten März 1788.

Jarosslaus Schaller,
aus den frommen Schulen.

# Berauner Kreis,
## Beraunſko,
### Circulus Beraunensis.

Gränzet gegen Oſten mit dem Kaurzimer, gegen Weſten mit dem Pilſner, gegen Süden mit dem Bechiner, und gegen Norden mit dem Rakonitzer Kreiſe. Dieſer Kreis iſt 1714 aus den zuſammengezogenen Moldauer, und Podbrder Kreiſen entſtanden, und hat von der königl. Stadt Beraun den Namen erhalten. Er hält 8 Meilen in der Länge und 6 1/2 in der Breite, iſt reich an Fiſchen, Holz, Getreid und Eiſen, welches ganz füglich auf dem Fluße Beraun und Moldau in die Hauptſtadt Prag überbracht werden kann. In dieſem Kreiſe werden hauptſächlich die Eiſenhämmer mit guter Aufnahme, und einem namhaften Abſatz betrieben, ſolche ſind zu Zbirow, Königshof, Dobriſch, Ginecz, Hluboſch, Horowitz, Duſchnik, und Bukowa zu finden, darinn verſchiedene Eiſen: als von Guß, Stab, Zahn, Reif, und Drat, wie auch manche verzinnte und ünverzinnte Blechwaaren verfertiget werden. Ferner sind hier Tuchmacher zu Beraun, Tloskau, Přibram, Sedlčan und Žebrak. Spengler zu Horowitz. Schwarzfärber zu Prčic, Sedlčan, Wotič. Wollenzeichmacher zu Beraun, Dobřisch, und Hostomitz, nebst 575 Leinwebermeistern, 2 Posamentirern, und vielen andern Strumpfstrickern, Strumpfwürkern, Kirschnern und andern hier landesüblichen Profeßionisten. Die ehedem auf dem Gut Hluzbosch angelegte Tüchelfabrick ist 1785. nach Prag übertragen worden. Auf der Herrschaft Zbirow sind im J. 1786. zu vorigen 16. noch 3 Eisenhämmer beygeleget worden. In Ansehung der Schafzucht und Verbesserung der Wolle werden hier von Jahr zu Jahr bessere Anstalten getroffen, darinn sich die Dominien Zbirow, Točnik, Königshof, Dobřisch, Horowitz, Tloskau, Ginetz, Hlubosch, Roth Hradek, Mnischek, Litten, Přibram und Lešchan vorderst ausgezeichnet haben. In Betref der Seidenkultur sind zwar auf dem Gut Roth Hradek 1785. 232 Stücke mit gutem Fortgang angepflanzet, jene aber 200 St. auf dem Gut St. Johann durch heftige Fröste dergestalt beschädigt worden, daß hier die sämmtliche Erzeugung für das Jahr 1785. nur in 4 Loth reiner Seide bestunde. Der Flachs wird überhaupt in diesem Kreise aus Mangel des nöthigen Bodens wenig, so wie in dem Berauner Viertel gar nicht angebauet. Die Chlumetzer Unterthanen haben ihre eigenen Weberstühle zu Hause, worauf lediglich die Weiber und ihre Töchter die zur Hausnothdurft nöthige Leinwand verfertigen.

Der

## Berauner Kreis.

Der Kreishauptmann, unter dessen Aufsicht dieser Kreis steht, wohnet eben so wie jener aus dem Rakonitzer und Kaurimer Kreise dermal noch immer zu Prag. Mit Anbruch des heurigen Frühjahrs aber soll das Rakonitzer Kreisamt nach Schlan, das Berauner Kreisamt aber nach Beraun verlegt werden. Die böhmische Sprache ist in diesem ganzen Bezirke sowohl bey dem Bürger als dem gemeinen Manne üblich. Die Hauptflüße in diesem Kreise sind:

1) Der an Fischen reiche Fluß Beraun, sonst auch Mieß, Stilbrka, Beraunka, Mže, Missa, Berauna, Verona, genannt, entspringt in dem Pilsner Kreise 3 Stund hinter dem Paulaner Kloster in dem sogenannten Böhmerwalde nahe bey Tachau, ist sehr fischreich, richtet seinen Lauf bey der Stadt Mieß gegen Aufgang, nimmt bey Pilsen die Flüße Bradawka und Auhlawa auf, mit diesen beladen fängt er an gefährlich zu werden, wie er schon zu verschiedenen Zeiten von dannen bis Prag manchen unersetzlichen Schaden verursachet hatte, lauft ferner dem Norden zu, reißt bey dem Dorfe Czilla den Fluß Strela mit sich, begrüsset bey Teyrow und Bürglitz den Rakonitzer Kreis, wendet sich bald wieder gegen der Stadt Beraun herab, wo er den Fluß Littawka mit nimmt, und seinen vorigen Namen Mieß mit Beraunka verwechselt, eilet ferner von dannen oft mit einer großen Menge von Bau- und Brennholz beladen bey Tetin und Dobřichowitz vorbey, und ergießt sich bey Königssaal in die Moldau. Dieser Fluß soll nach dem Berichte einiger Kroniker ehedem die

Gränzen des Saatzer Herzogthums bestimmet haben, a) dafür ich aber keine Bürgschaft leisten will.

2) Moldau, Wltawa, Moldawa, dieser Hauptfluß theilet Böhmen fast in zwey gleiche Theile, und ist nicht allein an Fischen von allerhand Gattung reich, sondern ernähret auch Lachsen, und eine große Menge von Perlenmuscheln, deren eine oft bis fünf, und auch mehrere Perlen enthält. b) Er nimmt seinen Ursprung im Prachiner Kreise unter der Stadt Winterberg, richtet bey Oberplan und Woldau seinen Lauf gegen Aufgang, sobald er Rosenberg erreichet hat, wendet er sich gegen Mitternacht, schneidet den Prachiner von dem Bechiner Kreise, wie auch den Berauner u. Rakonitzer ober u. unterhalb der Stadt Prag von dem Kaurimer Kreise ab, nimmt bey Budweis die Malsch in seine Ufer auf, schwellet sich bey Teyn mit der Luznitz, bey Klingenberg mit der Watawa, bey Zrubek mit Brzina, bey Kobilnik mit Kocaba, bey Dawle mit dem Flusse Sazawa, und eilet bey Königsaal an die Mündung des Flußes Beraun; mit allen diesen Wässern bereichert, lauft er der Stadt Prag zu, schwemmt dieselbe mitten durch, setzet ferner seinen Gang gegen Melnik fort, wo er sich in die Elbe ergießt. Man kann zu Prag sowohl im Sommer bey hellem Wasser, als auch im Winter bey dem Eishauen die Farbe der Beraun, Mol-

a) Gelaſ. Hiſt. T. 2. p. 116. & T. 3. p. 78.
b) Abhandlung einer Privatgeſellſchaft in Böhmen 4. B. p. 156 & 162.

Moldau, und Sazawa merklich unterscheiden, indem sich das Wasser der Sazawa an dem Ufer der Alt- und Neustadt schwärzlich, die Beraun am Ufer der Kleinseite weißlich, und die Moldau mitten unter ihnen grünlich zeiget, daher mag es auch kommen, daß, wie einige behaupten, allemal ein besseres Bier auf der Alt- und Neustadt, als auf der Kleinseite gebrauet wird. c) K. Karl IV. faßte den Entschluß die Donau mit der Moldau an Bayerischen Gränzen zu vereinigen, d) dessen einige Merkmale daselbst noch zu Balbins Zeiten anzutreffen waren; allein sein bald nach diesen gefaßten Maaßregeln erfolgter Tod vereitelte diese so herrlichen Absichten. Zur Zeit Kaiser Ferdinands I. hat Albert Graf von Guttenstein mit vieler Mühe es endlich dahin gebracht, daß die Moldau von hinderlichen Stein lippen gereiniget, und von Hohenfurt bis Prag schifbar gemacht worden ist, so daß man von jener Zeit an die Stadt Prag mit Holz, Salz, Getreid, und andern Waaren zu Wasser versehen konnte. e) Die K. K. Maria Theresia glorreichen Andenkens unterstützte ein für Böhmen so vortheilhaftes Werk, ließ nach dem von Johann Ferd. Schor öffentlichen Lehrer der Ingenieurkunst an der hohen Schule zu Prag verfertigten

---

c) Gelas. Hist. T. 2. p. 178.

d) Dubrav. Hist. Boem. L. 22. a Balbin. Misc. L. 1. Dec. 1. c. 4.

e) Balbin Misc. L. 7. p. 243. & Wenc. Brzezin in Balbin. Boem. Docta P. 2. p. 101.

ten Plane von Jahr zu Jahr die Moldau schiffbarer machen, und sezte 1764. eine Navigazionskommißion nieder. Im Jahre 1768. gab der Freyherr von Sternthal einen Plan in Kupfer heraus, worinn er angezeiget hatte, welchermassen aus der Donau bis Budweis ein Kanal in die Moldau zu leiten wäre. Die Zeit wird lehren ob dieses Projekt dermaleins zu Stande kommen wird. f)

## Beraun.

Beraun, Bern (Slawossow) Verona, Berauna eine kön. ehedem sehr feste mit unterirdischen Gängen, zweyen Thören, wie auch einer doppelten Mauer und Graben, der vor Zeiten mit Wasser angeschwollen werden konnte, versehene Kreisstadt. Liegt 2 Posten von Prag westwärts entfernt, an der Reichspoststrasse, und dem Flusse Beraunka und Litawka, zählet samt der Pilsner und Pragervorstadt 243 größtentheils von Stein gebaute Häuser, und führet im Wappen ein offenes Thor mit zweyen Thürmen, zwischen welchen ein geharnischter Mann mit blanken Schwert, im Thor aber ein Bär vorgestellt wird, mit dieser Aufschrift: Insigne urbis Beraunensis 1543. Das kleinere Stadtinsiegel führet folgende Worte: S. Civitatis de Bern A. S. Cif. Mif. Sie ist mit einer kais. königl. Poststazion versehen, von dannen eine ganz

f) v. Schönfelds Beschr. der Stadt Prag p. 11. & 131.

ganze Post bis Duschnik, und eine halbe Post bis Zditz gerechnet wird. Die böhmische Sprache prädominirt zwar daselbst, doch spricht der größte Theil der Bürger auch deutsch. Die Hauptnahrung besteht nebst dem Ackerbaue, in Verfertigung verschiedener Manufakturen, und hauptsächlich einer überaus schönen Thonarbeit, mit welcher sich die Berauner schon einige hundert Jahre her beschäftigen. Die Nachricht von der Anlegung dieser Stadt, welche Hagek auf das 746, Paprocky aber auf das 718. Jahr festsetzte, darf einer kritischen Prüfung eben so unterliegen, als mehrere andere Erzählungen, welche diese zwey Historiker aus dem finstern Alterthum herholten, und ohne hinlänglichen Beweis niederschrieben.

Selbst aus den ersten Besitzern dieser Stadt ist uns nur der einzige seiner Heldenthaten wegen berühmte Mann Wilhelm Zagic von Waldek und Hasenburg bekannt, welchem der König Johann 1316 die Erziehung seines jungen Prinzen Karl des IV. anvertrauet, und 1318. die Charge eines Hofmarschalls mitgetheilet hatte. Dieser Wilhelm unterließ nichts, was zur Aufnahme dieser Stadt, und Beförderung ihres Glückes dienlich seyn konnte, wirkte derselben mancherley Vorzüge und Freyheiten 1302. von dem König Wenzel II. aus, kraft deren die Berauner sowohl Böhmische als Deutsche Bürger eben dieser Vorrechte, welche schon ehmal der Stadt Prag eingeräumet worden, genießen, und die Dörfer: Wodig, Balborin, Czrnin, Trubin, Zahřiwce, Bařechow und Počapli eigenthümlich besitzen dürften, welches 1350. 9. März Kaiser Karl IV. bestätiget, a) und Beraun allem Ansehen nach in die Zahl der königl. Städte förmlich einverleibt hatte. b) Kaiser Karl bezeigte auch dieser Stadt zu jeder Zeit ausnehmende Gnaden, er pflegte sie in öffentlichen Machtbriefen Veronam suam zu nennen, und nahm 1355. seine Rückreise von Pisa nach Prag über Beraun, wo er von einer häufig entgegen kommenden Klerisey, hohen Adel, und Prager Bürgerschaft den 15 August als römischer Kaiser unter vielem Frohlocken, und lautem Jubelgeschrey empfangen, und bis Prag begleitet wurde. c)

Mittlerweile brachen die bisher ohne Unterlaß zwischen den deutschen und böhmischen Bürgern glimmenden Mißhelligkeiten in helle Flammen aus. Den Anlaß hierzu soll nach Paprockis Berichte d) 1359. folgender Vorfall gegeben haben. Die Deutschen warteten die Zeit ab, da ihr Seelsorger genöthiget war eine Reise nach einem entfernten Ort vorzunehmen, und trugen bey solcher Gelegenheit einen Hund dem Pfarrer der böhmischen Gemeinde zur Taufe an. Diese Beschimpfung nahmen die Böhmen sehr übel auf, überfielen die sämmtlichen deutschen Bürger, schlugen eine große Anzahl derselben todt, jagten die übri-

---

a) Urkunde vita Caroli IV. P. I. p. 289.
b) Gelas. Hist. T. 2. p. 282.
c) Hist. Pelzel p. 254.
d) Paproc. de urb. p. 203.

übrigen aus der Stadt, und wirkten bey dem Kaiser einen Machtbrief aus, kraft dessen allen Deutschen das Bürgerrecht zu Beraun auf ewige Zeiten untersagt wurde.

So lieb und angenehm als diese Stadt Karl dem IV. war, eben so verhaßt mag sie dessen Sohne Wenzel dem IV. gewesen seyn, als welche zu seiner zweyten Gefangnehmung die Gelegenheit gab; denn nachdem er sich der Wollust und Schwelgerey ergeben, die Reichsanliegenheiten außer Acht gesetzet, Böhmen mit unmäßigen Auflagen gedrückt hatte, und eine Menge von Adel, Magistratspersonen und Geistlichen unverschuldeter Weise hinrichten ließ, so daß niemand mehr seines Lebens sicher war, wurde er, nach getroffenen Vorkehrungen 1394. 8 May hier im Speissaale der Minoriten in Gegenwart Jodoks Marggrafen aus Mähren, und vieler andern böhmischen Herren gefangen genommen, von dannen nach Prag, endlich nach Krumau, und leztlich nach Wildberg, einem den Herrn von Stahrenberg gehörigen festen Schlosse abgeliefert. e) Am Stephanstage tezt benannten Jahres war Wenzel schon wieder auf freyem Fuße, und verpfändete 1402. die Stadt Beraun an den Hr. Bořjwoy von Swinar. f)

Die

---

e) Bartoss. a. Gelas. Mon. T. 1. p. 213. Beness. a Gelas. M. T. 4. p. 64. C. Pulkavae a. Gelas. Mon. T. 4. p. 133. & Adauct. Münzb. T. 2. p. 184.

f) Abhandlung einer Privatgesellschaft in Böhmen. 4. B. p. 41.

Die Epoche der glücklichen Aufnahme, und des bisher allzeit mehr und mehr aufkeimenden guten Vortheils für diese Stadt hat für dießmal ihr Ende genommen; denn von nun an wurden die Bürger theils durch einheimische Unruhen, theils durch andere ihnen zustoßenden Unglücksfälle dermassen herabgesetzet, daß sie in die äußersten Umstände der Nothdürftigkeit versetzet wurden.

1421. den 1. April rückte Zizka mit einigen Prager Truppen verstärkt vor die Stadt, weil die Bürger den vier Prager Artikeln nicht beyfallen wollten, überwältigte sie ungeachtet der tapfern Gegenwehre in kurzer Zeit, zerstörte die prächtige St. Jakobs Kirche nebst dem Minoritenkloster, und verbrannte unzählige Menschen, die sich von Prag nach dieser Stadt gerettet haben, darunter der Ritter Koblik, Bohuslaw von Kaupowa, Jaroslaw Dechant, sammt dreyßig andern katholischen Priestern, drey Lehrer aus dem Karoline zu Prag, und viele andere begriffen waren. g) Ungeachtet dieses greulichen Blutbades überfiel nicht lange darauf 1432. am Augustinitage einer der mächtigsten Landesverwüster Burian von Guttenstein mit Beyhülfe der Pilsner die Stadt Beraun, raubte noch das, was die Wuth der Hussiten zurückließ, und jagte die sämmtliche Viehheerde mit sich fort: die Berauner verfolgten zwar

---

g) C. Pulkava a Gelaſ. Mon. T. 4. p. 160. Beneff. ibid. p. 71. Lupac. 26. Martii. Æneas Silvius c. 44.

zwar diese verhaßten Gäste, wurden aber mit blutigen Köpfen zurückgewiesen, sechs an der Stelle erlegt, und sechs und sechzig nach dem Schlosse Rabenstein gefangen fortgeschleppt. h)

Mit Anfang des sechzehnten Jahrhunderts schien das Glück der Stadt Beraun wieder etwas günstiger zu werden, man entdeckte hier kurz vorher einige an Silber reichhältige Berggänge, und bemühte sich dieselben bestmöglichst in Aufnahme zu bringen, wozu die Bürger auch von K. Ferdinand dem I. mit herrlichen Vorrechten und verschiedenen Bergfreiheiten versehen wurden. i) Allein die bald darauf erfolgten Kriegsunruhen, und wiederholten Feuerschäden vereitelten das ganze Vorhaben. Denn 1512. 1599. 1600. 1731. brannte ein großer Theil dieser Stadt ab, 1735. aber wurde sie durch heftige Feuersflammen ganz in die Asche verlegt; der Schade dieser letztern unglücklichen Begebenheit allein belief sich auf 57753 fl. k) 1611. Wurde die Stadt von den passauer Soldaten, l) 1620. aber von kaiserlichen Truppen sehr hart hergenommen. 1632. Ueberfielen die Stadt Beraun die Sachsen, 1639. die Schweden, und 1741. die bayerischen und französischen Soldaten, diese raubten aus der Dechantkirche nebst 38.

silber-

h) Bartoss. a. Gelas. Mon. T. I. p. 191.
i) Adauct. Münzb. T. 3. p. 157. et Ferber Mineralgeschichte. p. 15.
k) Partlicius & Archiv. civit.
l) Stransky p. 51.

silbernen Kelchen alles kostbare Kirchengeräth, plünderten die ganze Stadt rein aus, und hinterließen schreckliche Merkmale ihrer Habsucht; den verübten Schaden in diesem letzt angeführten Jahre allein berechnete man auf 99628 fl. m) Ueber dieses wurde auch die Stadt zu verschiedenen Zeiten durch die Austretung des Flußes Beraun aus seinen Ufern, als im Jahre 1432. 1781. 1784. den 28. Februar stark überschwemmt, und die gänzliche Hofnung des Ackermanns zu Boden geschlagen. 1744. Kam es hier zu einem scharfen Treffen zwischen den Preußen und Oesterreichern, die Letztern gewannen die Oberhand, und schlugen den Feind in die Flucht.

Die Zeit der Erbauung der hiesigen Dechantkirche unter dem Tit. des hl. Apostel Jakob des G., die heut zu Tage unter der weisen Aufsicht des eifrigen Seelsorgers, und in der vaterländischen Geschichte wohl erfahrnen Mannes Joseph Bazdy Domherrn zu Altbunzlau, und erzbischöfl. Vicar. foran. steht, läßt sich aus Mangel sicherer Urkunden nicht bestimmen, doch kann man aus den Errichtungsbüchern deutlich ersehen, daß selbe schon 1353. errichtet, und 1384. mit einem Dechant besetzt war. n) Zu dieser erledigten geistlichen Pfründe werden drey Subjekte von dem Magistrat präsentiret, die Bestätigung aber steht Sr. Maj. dem Kaiser zu.

Die

m) Archiv. civit.
n) LL. Erect. Vol. 12. D. 7.

Die Kirche ist mit einem starken Gewölbe versehen, und hält 50 Schritte in der Länge und 30. in der Breite. Das hohe Altarblatt ist 1741. von dem berühmten Maler Hr. Miller auf Kosten der Stadtgemeinde, das Seitenaltarblatt aber der schmerzhaften Marie, dessen Werth von Kennern auf zehn tausend Gulden geschätzet wird, von einem wälschen Maler verfertiget, uns durch den Freyh. Franz Ernest Tunkel von Ausbrunn und Hohenstadt Herrn auf Jankau, Radmierzitz, und Bedrzichowitz der hiesigen Kirche verehret worden. o) Die vornehmsten Grabschriften, welche nach der oftmaligen Wiederherstellung dieser Kirche noch übrig blieben, sind folgende:

1729. 16. Dec. Edle Frau Barbara Stransky, gebohrne Łwanczicky.

1729. 22. Dec. Edle Frau Maria Josepha Bitnerinn, gebohrne Häußler.

1739. Starb in der Blühte seiner Jugend Franz Joseph, einziger Sohn des Ritters Martin Joseph Stransky von Stranka und Greifenfels.

1740. 19. März, Edle Frau Anna Konstanzia Rehsperger, gebohrne von Stransky im Jahre ihres Alters 76.

1742. 30. Jenner Johann Georg Preßl von Schwarzberg der k. k. Herrschaft Tocznig Hauptmann.

1742.

o) Archiv. Ecclesia.

1742. Rosina von Ottenfeld gebohrne Klopsch.
1753. 31. July Johann Christoph Bager von Stampach k. k. General, der bey Belgrad wider die Türken tapfer gefochten hat.
1519. Kaufte die Stadtgemeinde einen Garten der Frau Anna Przibramsky um 6 Sch. Meiß. ab, und baute an diesem Orte eine Kirche unter dem Tit. Marien Heimsuchung, die aber in folgenden Jahren eingeäschert, 1744. durch den meisten Beytrag des Ritters Martin Stransky von Stranka wieder hergestellet, und 1770. den Geistlichen der frommen Schulen, welche die ehrbare und tugendhafte Jungfrau Ludmilla Rudolph zu gleicher Zeit hier gestiftet hat, eingeräumet worden ist.

Das Bürgerspital, darinn schon zu K. Wenzel des IV. Zeiten vier Arme ernähret wurden, bekam 1781. einen neuen Zuwachs von 4000 fl., welche Hr. Franz Kasimir Strachowsky Ritter von Strachowitz und Prager Domprobst, ehemaliger Dechant zu Beraun, zur Erhaltung zweyer Armen diesem Spitale geschenket hat. p) Die öffentliche Kapelle der schmerzhaften Marie auf dem Kalvarieberg, ist 1724. von Georg Prochaska de Lauro hiesigen Dechant auf eigene Kosten erbauet, und 1737. durch den Ritter Ignatz Wrazda von Kunwald mit einem schönen Altare von Bildhauerarbeit versehen worden.

Das Altarblatt, welches von dem Pensel eines berühmten wälschen Malers herkömmt, und aller Achtung werth ist, hat die Edle Frau Anna Konstantia

---

p) Archiv. Civit. & Ecclef.

tia Rensperger, gebohrne Stransky dieser Kirche verehret. q) Außer der Stadt trift man gegen Tetin, St. Juan, Karlstein und Dobřichowitz häufige Marmorbrüche von verschiedenen Farben, wie auch Kalk und Steinkohlenschichten an. r)

## Kaiſ. Kön. Kammeralherrschaft Karlstein.

Die Einkünfte dieser Herrschaft hat die sel. Andenkens Kaiserinn Königinn Maria Theresia im J. 1755. sammt Milin für das adeliche Fräuleinstift auf dem prager Schlosse bestimmt. Dieser Herrschaft sind einverleibt folgende Oerter:

1) Karlstein von 3 N. ein ehedem sehr festes, jetzt aber großen Theils eingegangenes Bergschloß, liegt auf einem steilen Felsen, der aus weiß gesprengten und rothen Marmor besteht, am linken Ufer des Flußes Beraun, 2 u. eine halbe Meile v. Prag entfernt, und ist mit fünf hohen Bergen umgeben, deren Namen sind: Jawurka jetzt Cžihowa genannt, Kniczsky Wrch, Wosskow, Haknowec, Plessiwec. a) 1348. legte K. Karl IV. den Grundstein dazu, und brachte es in neun Jahren zu Ende; und gleichwie er dasselbe zur Verwahrung der Reichskleinodien, der Heiligthümer, und des königl. Archives gewidmet hat,
so

q) Archiv. civit. & eccleſ.
r) Ferber Mineralgeſchichte. p. 129.
s) Balbin Miſc. l. 3. p. 101.

so unterließ er nichts, was zur Befestigung so wohl, als Verherrlichung desselben dienen konnte. Er ließ die Mauern an vielen Seiten 10. Prag. Schuh breit aufführen, versah dasselbe mit zweyen nach einander folgenden eisernen Thören, setzte demselben einen Burggrafen vor, ordnete zur Beschützung dessen einige Wächter an, die den Namen Mannowe führten: ihre Pflicht war das Schloß Tag und Nacht unter Lebensstrafe zu bewachen, und bey der Ausrufung einer jeden Stunde zur gewöhnlichen Formel beyzufügen: Dale od Hradu, dále. In dem Schlosse selbst führte er drey Kapellen auf, deren eine der Himmelfahrt Mariä, die zweyte der hl. Katharine, und die dritte dem hl. Kreuz geweihet ist, welche sämmtlich, insonders aber die letztere, die zur Verwahrung der Reichskrone und Zepters eigentlich bestimmt wurde, mit vielen Edelsteinen besetzet, und mit verschiedenen von Niklas Wurmser, Thomas von Mutina, Kunz, und Dietrich, künstlich verfertigten Oelgemälden prächtig gezieret waren. b)

Bey dieser größern Kapelle, welche im Jahre 1365. den 9. Febr. vom Johann prager Erzbischofe eingeweihet worden ist, stiftete dieser Kaiser 1357. den 27 März einen Dechant und vier Chorherren. c) Zu größerer Erläuterung des von K. Karl IV. hier angelegten Kollegialstiftes können folgende Urkunden,

und

---

b) Abbild. der Gelehr. 3. T. p. XXIII.
c) Beneff. metrop. l. 4. p. 386. & 6. Pulkava a Gelaf. Mont. T. 4. p. 129.

und Bruchstücke ein Vieles beytragen, die ich aus dem gänzlich verwahrloßten praſkoleßer Dekanalarchive nicht ohne viele Mühe und Arbeit, hergeholet, und hierdurch solche merkwürdige Dinge dem Untergange, und einer ewigen Vergessenheit entrissen habe. Der ersten hier nachstehenden Urkunde zufolge war zu Karlstein schon ehedem ein Dechant angestellt, dem Johann, aus Kärnthen das Dorf Žebrakow mit solchem Bedingniß schenkte, damit er täglich in der St. Palmatiuskirche ein heil. Meßopfer verrichte:

Nos Ioannes Dei gratia Dux Carinthiæ, Comes Tirolis & Goritiæ ad universorum tam præsentium quam futurorum volumus notitiam pervenire, quod nos mente advertentes provida inter curas anxias & mordaces, quae continue in nostri pectoris aula versantur, divinam nos tanto molestius offendisse, & crebrius offendere bonitatem, quanto animum, quem supervacue ad amorem extendimus creaturæ, a cognitione suspendimus creatoris. Et propterea censentes dignum, salutiferum, & rationi consonum, ut in summi principis principum omnium domini, cujus nutu principamus in terris, ejusque gloriosissimae Genitricis Mariæ Virginis perpetuæ, & omnium Sanctorum suorum reverentiam, gloriam, honorem divini cultum misterii, per cujus celebrationem & sanctam in ara sacrificium corporis & sanguinis dominici, quo nihil utilius, nihil svavius, nihil salubrius, nil acceptius, & nil efficacius ad impetrandam vivis gratiam, defunctis misericordiam apud Deum per sacerdotum manus venerabiles devotiſſime immolatur, ſacra ſereniſſimorum Principum regum Boemiæ, & præſertim excellentiſſimi & beatiſſimi Ducis Venceslai, ipſius regni patroni, de cujus generoſa propagine ortum traximus, veſtigia imitantes, quantum nobis eſt poſſibile adaugere exacta diligentſtia udeamus, ut pius Pater miſericors, qui ſingulos actus hominum, ut ſecundum eos retribuat, ponderat ad ſtateram, ſuper commiſſis per nos innumerabiliter, & obmiſſis meritis, ſaltem pro nobis intercedentibus aliorum, Judex nobis in diſtricto examine inveniatur placatus. Igitur capellam in honorem S. Palmatii, quem inter ceteros ſanctos, quorum præclara merita multis & variis virtutum miraculis & inſigniis decorata ſancta Mater Eccleſia veneratur ſpeciali reverentia, ex puris amplectimur affectibus, inſtauratam in caſtro noſtro dicto Carlſtein, volentes praerogativis dotalibus, ut in ipſa quotidie una miſſa perpetuis temporibus per Dominum Decanum aut ejus Vicarium celebretur ſine intermiſſione, inſignire, villamque noſtram Lhotkam Zebrakow dictam per nos, noſtris propriis pecuniis emtam Domino Decano, & ejus ſucceſſoribus damus, titulo ei comparatam cum omnibus & ſingulis ſuis juribus, hominibus, cenſibus, redditibus, uſufructibus, utilitatibus, proventibus, emolumentis, agris cultis & incultis, arvis, montibus, planis, collibus, vallibus, aquis, aquarum decurſibus, piſcinis, piſcationibus, aucupationibus, venationibus, pratis, paſcuis, hortis, pomeriis, humuletis, honore, proprietate, dominio, judicio, & taberna, libertate,

&

& ceteris suis pertinentiis universis nominatis, & non nominatis, ex quibuscunque rebus exiltant, seu quibuscunque nominibus censeantur, quæ nunc ibidem sub terra, vel super terram sunt, vel fuerint futura, nullis prorsus exceptis, præfato Decano donavimus dotis nomine, & donamus, appropriamus, incorporamus & donatione perpetua & duratura inviolabiliter assignamus tenendam, habendam, uti fruendam per ipsius Capellæ rectorem quemlibet quiete & pacifice possidendam. Providentes ex tunc devoto nostro familiari dilecto Alberto de dicta Capella ad terminum vitæ suæ in ipsum, & ejus quoslibet successores, huic & cuilibet, ut ipsos celebrationi dictarum missarum incenderet & delectet ferventius de amictu duplici, æstivali scilicet ac hyemali de panni materia, quo principales servitores supradicti castri vestiti fuerint.

Clerico vero ipsius capellæ servitori de veste hyemali perpetuis in antea temporibus per Dominum ipsius castri, quicunque exstiterit, quæ in eo ratione augmenti dotis prædictæ præsentibus volumus onerari. Sine difficultate qualibet disponimus, ordinamus animo providenti totum jus, quod nobis vel nostris successoribus in villa præhabita, ejusque pertinentiis competebat in præterito, competit in præsenti, vel posset quomodolibet competere tempore in futuro, translatione irrevocabili transfundentes, et jus præsentandi ad dictam capellam nobis & nostris successoribus, non obstante si castrum prædictum per venditionem, obligationem, permutationem, donationem, vel quemcunque alienationis titulum ad quamcunque perſonam cujuscunque dignitatis, poteſtatis, præeminentiæ, nobilitatis, ſtatus vel conditionis exiſtentem devenerit ſucceſſive, reſervantes.

Nulli ergo omnino hominum liceat hanc paginam noſtræ Majeſtatis infringere, aut eiquovis auſu temerario contraire. Si quis autem contrarium attentare præſumſerit, indignationem noſtram, & pœnam centum marcarum auri puri, toties, quoties contra factum fuerit, ſe noverit eo ipſo irremiſſibiliter incurſurum. Et ut præmiſſa robur obtineant, perpetuæ firmitatis præſentes fieri, & ſigillorum noſtrorum appenſione fecimus communiri. Actum & datum Pragæ Anno Domini 1348. 3 die menſis Septembris.

Bey der Ausfertigung des Stiftsbriefes, der bey unſerem Haget auf das Jahr 1357. weitläufig vorkömmt, wies Karl IV. dem neuangelegten Kollegialkapitel in Karlſtein folgenden Zehenden an, den Haget bey dieſen Worten: A gſau tito deſatkowé ꝛc̃ nezdálo my ſe gich pſáti, ausgelaſſen hatte. In opido Veronenſi ſex ſexagenæ groſſorum pragenſium, & viginti duo groſſi. Item in villa Lodenicz ſexagena & dimidia groſ. In villa Puſſnik viginti octo groſſi & quatuor denarii parui. Item a molendino ibidem quinque ſtrichones frumenti, & dimidius ſtricho. In villa Trzeban viginti tres groſſi & ſex parui. In oppido Hoſtomicz quatuor ſexagenæ groſſorum, quatuor groſſi, & novem parui. Villa Dobrziz una ſexagena groſſorum, viginti ſeptem groſſi, & ſex parui. Villa Milin duæ ſexagenæ groſſorum, ſex groſſi, & duo parui.

parui. Villa Dubenic quadraginta tres groſſi, & novem parui. Villa Duſſnik quinquaginta tres groſſi, & quatuor parui. Item a duobus molendinis ibidem tredecim Strichones frumenti. Villa Teſſin triginta duo groſſi. Villa Tettin una ſexagena, & triginta duo groſſi. Villa Schluviz quadraginta ſex groſſi & duo parui. Villa Chinov una ſexagena groſſorum, viginti groſſi & novem parui, & triginta ſeptem Strichones annue. Villa Wraz duæ ſexagenæ ſex groſſi. Villa Trubingen quinque groſſi, & ſex parui. Alba Eccleſia quinque groſſi, & ſex parui. Villa Skoba una ſexagena groſſorum, viginti quatuor groſſi, & quatuor parui, & undecim Strichones, & quartale frumenti. Villa Hudliz duæ ſexagenæ groſſorum & tres groſſi, & decem & ſeptem Strichones. Item a molendino in Sslutiz quatuor Strichones frumenti. Nach der Zeit kaufte Karl IV. das Dorf Praſkoles und verehrte ſelbes auch der Kollegialkirche in Karlſtein, wie ſolches aus folgender Urkunde zu vernehmen iſt: Starečným K. Raddam naſſem Komory cžeſké wiernym mylým x. Rudolff. Statečny, wierny naſſy milj. W pamieti, nam zuſtawa pſanj naſſe, které gſme wam pṙži cžaſu pamatky Sw. Jakuba leta tohoto 1607. na ponižené wzneſſenj poctiwého Pawla Piſtoriuſa diekana Karlſſteinſkého wierného naſſeho milého vežiniti, a pṙžitom miloſtiwie poručžiti racžily, ponieważ gſau pṙžedkowé geho wes Praſkolesſy ṙžecženau Majeſtatem Cyſaṙžſkým od niekdy ſlawné a ſwaté pamieti Cyſaṙže Karla IV.

ga-

gakožto Krále cžeského z gistých přjčžin odewšech bernj a zbjrek zemských a kralowských sobě oswobozenau mieli, a wedle tehož Magestatu nikdy z takowých bernj až do kolikusy cžasu napominanj nebegwaly, cžehož psme tolikéž přži tom pozustawily, abyste to brzy Bernjkum krage Podbrdského, kteryž gsau se mu w tauž Wes, chtic od něho bernie a zbirky zemské Snicmj w tomto Králowstwj cžeském od stawu swolené, tak gako od giných obywatelnw tehož Kralowstwj myti, uwažaly, aby gemu tauž wes Praskoleſy zaſe poſtaupily, a nieg o tež Bernie wicegi nenaſtupowaly, naržídily a opatřžily. Y wznaſſy na nas we wſſy poniženoſti nadepſaný dickan karlſteinsky, že až poſawad týž berníci Kragſſtj, o tom aby mu tež Wſy zaſe poſtaupiti mieli, žadné wiedomoſti nemagy, a také že tim ſpuſobem na welikau ſſkodu geho w držení zuſtawagy, nas w tom žada o Patržzenj poniženie proſyce. Ždež chtice my nad tim co tak gednau od nas za ſprawedliwe vznano geſt, ruku držeti, protož wam porauczeti rácžime, abyſte tim daleg neodkladaly, nybrž to cžaſnie tymž Bernikum kragſkým, tak aby gemu tuž Wes Praskoleſy zaſe poſtaupily, w znamoſt vwedly. Wiedauce že na tom giſtau a miloſtiwau wuly naſſy cyſarzſtau naplnite. Dano na Hradě naſſem Pražſkém w patek po Sw. Frantisſku. Leta 1607. (Archiv. Praskoleſſ.)

Aus den ehemal in Karlſtein angeſtellten Dechanten habe ich aus eben dieſem praskoleßer Archiv

fol-

folgende entdecket: 1367. Andreas Lewa, 1404. Theodoricus. 1467. Andreas Leonis de ponte. 1496. Valentinus Schopp de Panie. 1501. Wenceslaus de Albevier. 1515. Joannes de Hradonia. 1530. Felix z Lindy. 1540. Kaspar Mezychod. 1552. Johann Zluticky. 1554. Joannes Lucenus liegt in der St. Palmatius Kapelle begraben. 1669. Thomas Albinus de Helfenburg Domherr zu Prag, Olmütz, und Passau, ist vom K. Maximilian II. als Dechant zu Karlstein ernannt worden. Dieser, und seine Nachfolger bis zu Anfang des gegenwärtigen Jahrhunderts haben fast sämmtlich zu Prag gewohnet. 1570. Vitus Polinsky. 1580. Wolf Chanowsky z blauhy Wsy. 1589. Adam Uygrin wurde als Pfarrer nach Gastorf berufen. 1592. Walentin Czikan von Rotenstein, starb als Probst an der Domkirche zu Prag 1642. 1595. Adam z Wynorze. 1599. Bartholomäus Guldan wird als Probst nach Pilsen befördert. 1600. Bartholomäus Flaxius z Czenkowa, Domherr zu Ollmütz, und dann Erzdechant an der prager Schloßkirche. 1602. Doktor Paulus Pistorius z Luczka, war gegen dreyßig Jahre Jesuit, verließ den Orden, wurde Dechant am Karlstein, dann Probst zu Pilsen, endlich Dechant am Wischehrad zu Prag, starb 1630 den 1 Febr. 1618. David Drachowsky verließ nach etlichen Jahren den Jesuitenorden, wurde als Dechant am Karlstein, nach sieben Wochen aber als Probst in Pilsen, und letztlich als Dechant in Altbunzlau angestellet, wo er auch mit Tode abgieng. 1618. Laurenz Kazinger z Hradensteina, ist vom K. Mathias zum Dechant am Karlstein ernannt worden. 1653. Wenzel Adalbert Kalisius Domherr zu Altbunzlau. 1667. Adalbertus a Klimkovicz Protonotarius Apostolicus. 1670. Franc. Ferd. Czedik v. Eisenberg J. U. D. Domherr am Wischehrad zu Prag. 1699. Bernardus de Gregoriis. 1705. Johann Friederich Langehans Domherr zu Baußen, und bey Allenheiligen zu Prag. 1710. Wenc. Emeric. Woita. 1745. Karl Franz Stuczka wurde als Dechant nach Sedlczan berufen. Bald darauf wurde diese Dechantstelle dem seiner großen Einsicht wegen höchst schätzbaren Manne Jakob Suchanek des ritterlichen Kreuzordens mit rothem Stern durch Böhmen, Hungarn, Mähren, Schlesien, Oesterreich und Pohlen vorgestellten Generalgroßmeister angetragen, der sie vom 1760 J. bis auf das 1780. Jahre vertreten, und statt seiner daselbst Administratores des gleich gesagten Ordens Mitglieder angestellet hatte. Im J. 1780. Wurde Amandus Blaha ein Benediktinermönch von Brzewniow von ihrer Majestät der K. K. Marie Theresie als Dechant zu Karlstein ernannt, er starb 1781. den 19. April, und ist in der St. Prokopikapelle zu Praskoles, wo die jetzigen Karlsteiner Dechante vom Anfang dieses Jahrhunderts ihre Wohnung festgesetzt haben, beygelegt worden. Diesem folgte der jetzige Dechant Franz Brigido Freyherr von Brzezowicz und Marenfels.

Karl bemühete sich auch die herumliegende Gegend fruchtbar und angenehm zu machen, legte nicht

ferne

ferne von dannen mehrere Weinberge an, davon aber heut zu Tage nur wenige Spuren noch übrig sind, führte 1351. am Fuße des Berges statt der alten eine prächtige Kirche auf, unter dem Tit. des heil. Palmatius d), deſſen Reliquien er nicht lange bevor aus Trier mitgebracht, und dieſer neu erbauten Kirche verehret hatte. e)

Im Jahre 1371. erkrankte hier gefährlich K. Karl, und weil die Aerzte an deſſen Aufkommen zweifelten, nahm die Königinn Eliſabeth ihre Zuflucht zu dem Himmel, that eine Wallfahrt zu Fuß bis Prag, opferte daſelbſt bey dem Grabe des heiligen Siegmund, nebſt einem inbrünſtigen Gebete für die Geneſung ihres Gemahls, 23 Mark des feineſten Goldes, kehrte zurück, und fand, daß der Kaiſer zu ſeinen vorigen Kräften zuſehend wieder gelange. Dieſes Gold wurde nach der Zeit zur Verfertigung einer königlichen Krone verwendet, f) welche anfänglich hier ſammt andern Reichskleinodien aufbewahret, alsdann aber nach Prag, und endlich nach vollbrachter Krönung der glorreichen Andenkens K. Marien Thereſien nach Wien übertragen, und in der kaiſerl. Schatzkammer beygeſetzet worden iſt.

Eben dieſe Krone würde dem feſten Schloſſe ein gänzliches Verderben zuwege gebracht haben, wenn

---

d) Balbin Miſc. L. 7. p. 154.
e) Gelaſ. Hiſt. T. 5. p. 236.
f) Beneſſ. & Hagek. a. Pelzel vita Caroli IV. P. 2. p. 839. & Hamerſchmied Pro. Gl. P. 1. p. 190.

wenn die weisen Vorkehrungen des tapfern Burggrafen Aleß Wrabsky, und die heldenmüthige Gegenwehre der Besatzung dasselbe aus der drohenden Gefahr nicht gerettet hätten; denn 1422. bestimmten die Prager, wider ihren rechtmäßigen König Siegmund, den Lithauischen Prinzen Korybut zu ihrem Beherrscher, zogen den 28. May mit einem Heere von vier und zwanzig Tausend Mann sammt Korybut und dessen Bruder Virold vor das Schloß, um die Krone für den neugewählten König abzuholen, und belagerten dasselbe bis den 11. Novemb g). Während dieser Belagerung haben die Feinde eine ungeheure Menge großer Steine, dreyzehn Fuerfässer, und um den Brunnen, der nach einem von unserm Balbin angestellten Versuche 244 prager Schuh in der Tiefe hält, unbrauchbar zu machen, 1822. theils mit Gift, theils mit Menschenkoth angefüllte Kufen in die Vestung geworfen. Alles dieses aber war nicht vermögend die Besatzung zur Uebergabe zu zwingen; sie stritt wider ihre Feinde mit desto heftiger, der Herzog Virold wurde an der Palmatiuskirche erschossen, und so war der Feind genöthiget an dem nämlichen Tage die Belagerung aufzuheben h).

König Wenzel IV. verwandelte diesen ehedem ehrfurchtsvollen, und zu erhabneren Absichten bestimmten Ort in einen finstern Kerker, dessen noch

heut

---

g) Dubrav. Hist. Boem. L. 26.
h) Pelzel Hist. p. 365.

heut zu Tage etliche unter der Erde angebrachten Gewölber, deren eins Czerwenka genannt wird, Zeugen sind, ließ hier einige festsetzen, und 1396. den 21. May dem Hrn. Stephan von Opoczna, Stephan Podußka von Martinitz, Strnad, und Markolt oder Marquard von Strakonitz, Vorsteher des Maltheserordens, die sich seiner tyrannischen Regierung widersetzten, den Kopf abschlagen i). Im J. 1487. den 23. Febr. gerieth dieses Schloß in Flammen, ein großer Theil desselben wurde eingeäschert, die Krone aber sammt der Landtafel und dem Archive sind bey Zeiten dem Untergang entrissen worden k).

In solchen traurigen Umständen blieb Karlstein über hundert Jahre, bis auf die Zeiten Kais. Rudolphs II. Dieser Monarch gab demselben, wie es der an allen Seiten des Thurms angebrachte Buchstabe R bezeuget, 1598. einigermassen seine vorige Gestalt wieder zurück, und würde es ohne Zweifel zu seiner ehemaligen Vollkommenheit gebracht haben, wenn ihn nicht die einheimischen Unruhen der Akatholiken, und der Krieg wider die Türken daran gehindert hätten. An der Ostseite des Thurms ist das Reichswappen, das Wappen des Königreichs Böhmen, und der Kollowraten zu sehen, mit folgender Aufschrift: Joachimus Novohradsky, & Dominus in Buschtiehrad, Mielnik, & Kossatek, S. C. R. Maiestatis

---

i) Beneff. a. Gelaf. Mon. T. 4. p. 65. C. Pulkav. ibidem p. 133. & 142. Lupac. 16. Maii.

k) Beneff. a Gelaf. Mon. T. 4. p. 78.

tatis Confiliarius, Cameræ regni Boemiæ Præſes, & Burgravius Carlſteinenſis. 1598. l).

Im J. 1620. wurde Karlſtein mit einer feindlichen Beſatzung, die aus 600 Engländern und Schotten beſtand, verſtärket, nach der am weiſſen Berge gewonnenen Schlacht aber ordnete Buquoi den Fürſten Lichtenſtein ab den Feind von dannen zu delogiren. Die kaiſerlichen Truppen rückten vor, und die Beſatzung ergab ſich ohne allen Widerſtand mit dem Bedingniß, daß man ihr den freyen Abzug in ihr Vaterland geſtatte m).

Im J. 1629. nach dem Abſterben Jaroſſaws Borzita von Martinitz, des letzten Burggrafen von Karlſtein n), verpfändete die Kaiſerinn, welcher 1622., und aller künftigen Königinnen in Böhmen Karlſtein, als ein Leibgedings = und Tafelgut von dem K. Ferdinand II. abgetreten worden, dieſe Herrſchaft an den Johann Freyh. Bawka von Rziczan um 50000. Gulden o). Dieſer Bawka beſorgte nicht ohne Urſache, daß die hier in Verwahrung liegenden Heiligthümer zu jenen unruhvollen Zeiten leicht der Gefahr einer Vermehrung ausgeſetzet werden könnten, darum ließ er ſelbe heimlich in ſein Haus nach Prag übertragen. Hier blieben ſie bis nach dem Tode dieſes Freyherrn, der 1645. erfolget

l) Balbin. Miſc. L. 8. p. 107.
m) Acta Boem. Pelzel p. 5. n. 3. p. 73.
n) Hammerſchmid Prod. Gl. Pr. p. 814.
o) Archiv. Praskolaſſ.

get ist, ganz verborgen liegen, alsdann aber wurden sie auf den Befehl Kaisers Ferdinand des dritten zuerst in der St. Thomaskirche ausgesetzet, und bald darauf den 20. August mit vielem Gepränge in die prager Domkirche übertragen, wo selbe noch heut zu Tage aufbewahret werden p). Ein Mehreres von Karlstein kann man nachlesen in der lateinischen Historie von dem heil. Berg Auctuar. l. c. 5., welche Balbin 1665. in Quarto zu Prag herausgegeben hat, wie auch in dem 3. Hefte der Materialien zur alten und neuen Statistik in Böhmen.

2) Dobrzicz, ein Dorf von 18 N. Das Schloß und der Mayerhof gehöret nach St. Joh. unter dem Felsen. Ein Gasthaus hiervon gehörte im vierzehnten Jahrhundert den Dechanten in Karlstein q).

3) Mezaun, von 37 N. 4) Lodenicz, Lodenicze, von 35 N., davon ein burgrechtlicher Hof dem Ritter Emanuel Franz Siegmund Schmiedl von Schmieden zugehöret. Dieses Dorf liegt an einem Bache gleiches Namens, welcher bey Lodenitz im rakonitzer Kreise aus mehrern Teichen seinen Ursprung nimmt, bey Scherowitz und Druzenz den Lauf gegen Mittag richtet, und unter Hostin in den Fluß Beraun fällt. Im Jahr 1179. gieng hier eine blutige Schlacht vor, zwischen dem Herzog Sobieslaw und Friedrich. Dieser wurde überwunden, viele seiner Soldaten sind niedergehauen, andern

---

p) Schmiedl Hist. S. I. P. 4. p. 142.
q) Archiv. Prascoleff.

dern die Naſe abgeſchnitten, und die übrigen in die Flucht geſchlagen worden r).

5) Kozolup, davon auch ein Theil nach Tachlowitz, dem Auguſtinerkloſter bey St. Thomas zu Prag, und nach St. Johann unter dem Felſen gehöret.

6) Groß Zucharz, ſammt 7) Klein Zucharz, von 15 N. 8) Augezd Trnicny, von 15 N. 9) Klein Morzina, (Morzan) von 38 N.

10) Groß Morzina, (Morzan) von 32 N. davon gleichfalls ein burgrechtlicher Hof dem oben gemeldten Ritter Emanuel Franz Schmiedel von Schmieden, und 1 N. nach Hochaugezd gehöret, ein Dorf und Kirche unter dem Tit. des heil. Staniſlaus M. Im Jahr 1352 ſchenkte Karl IV. dieſe zwey Dörfer den Benediktiner Slawen in Emaus, ſammt dem Pfarrechte, und allen dazu gehörigen Gerechtſamen, die herumliegenden Wälder ausgenommen s). Im Jahr 1356. kaufte Przedwogius, ſonſt auch Przecho und Priscus genannt, prager Domdechant, Groß Morzina den Benediktinern um 200 Schock pr. Gr. ab, und vertauſchte es bald wieder an den Kaiſer Karl IV. für einen großen Wald, der im Bozner Bezirke lag, und cžerny Hag genannt wurde t).

---

r) Chron. Siloenſe. a. Gelaſ. Mon. T. I. p. 91, & Hiſt. T. 6. p. 517.

s) Urkunde Belzels. Vita Caroli IV. p. 34.

t) Berghauer in Protom. P. I. p. 148.

## Berauner Kreis.

In drey Jahren darauf, nämlich 1359 belehnte Kaiser Karl mit einem großen in diesem Dorfe gelegenen und so genannten Hofe Boczabowsky den zu seinen Zeiten sehr berühmten Maler Niklas Wurmser u), dann 1367. den 1. May einen in eben dieser Kunst best erfahrnen Mann Dietrich oder Theodorik, sprach diesen Hof von allen Steuern frey, und verband den erwähnten Dietrich statt solcher Abgaben alljährig 30 Pf. Wachs in die Karlsteiner Kirche abzuliefern.

11) Wraż, von 31 N. 12) Hiskow, (Heskow) von 48 N., nahe an diesem Dorfe auf dem Berg Hradczin sind noch wenige Trümmer des verfallenen Schloßes Heskow anzutreffen.

13) Tetin, von 46 N., an dem Flusse Beraun, und am Fuße des Berges Pohled 2 1/2 M. von Prag westwärts entlegenes Dorf, ehedem ein festes Bergschloß, welches Tetka Libuschen Schwester zu Anfang des achten Jahrhunderts erbauet, und zu ihrem gewöhnlichen Aufenthalte gewählet hat x). Ein gleiches that auch die heil. Ludmilla. Diese gottesfürchtige Herzoginn begab sich auf dieses Schloß bald nach dem Tode ihres

Ge-

---

u) Urkunde in Archivo Consistorial. Pragæ, & Archiv. Dec. Praskoles. Dobrows. Litterat. P. 3. p. 211. Die in vita Caroli IV. N. CCCXLII. bey dem Hrn. Pelzel abgedruckte Urkunde ist noch heut zu Tage in dem praskolesser Dechantsarchive durch Johann Agrikola k. k. Notarius, und Kammerregistrator vom 1636. Jahr aus dem Original vidimirt zu finden.

x) Cosmas L. 1. p. 10, & Pulkava a. Gelas. Mon. T. R. p. 74.

Gemahls Borziwoy, sammt dem jungen Prinzen Wenzel, und ihrem ganzen Gefolge, brachte hier die übrigen Tage ihres Lebens in der größten Frömmigkeit zu; erzog zugleich ihren Enkel in allen christlichen Tugenden, breitete die wahre Religion sowohl durch eigene Beyspiele, als auch durch andere guten Anstalten allzeit mehr aus, und regierte das ganze Land nach dem letzten Willen ihres Sohnes Wratislaw mit ausnehmender Sanftmuth und Weisheit. Die herrschsüchtige Drahomira konnte die Verbreitung der christlichen Religion unter der weisen Regierung ihrer Schwiegermutter mit gleichgiltigen Augen nicht ansehen, ordnete im Jahr 927. den 16. Sept. zwey ihrer Vertrautesten Tuman und Biman nach dem Schloße Tetin ab, die zu nächtlicher Zeit diese fromme Wittwe überfallen, und auf das grausamste erdrosselt haben y). Nun glaubte Drahomira ihren Endzweck erreichet zu haben; ihre erste Bemühung bey dem Antritte der Regierung war dahin gerichtet, die christliche Religion im ganzen Lande zu vertilgen. Zu diesem Ende ließ sie Befehle ergehen, kraft deren die katholischen Priester das Land räumen, und die wenigen Kirchen gesperret, oder zerstöret werden sollten. Sie würde ihren gefaßten Entschluß auch wirklich zu Ende gebracht haben, allein ihre tyrannische Regierung machte sie bey dem größten Theil der Böhmen verhaßt; zu dem brachte auch Draho-

mira

y) Guthenus a. Weleslavina 16 Sept. Galaſ. Hiſt. T. 3. p. 486. Chriſtannus a. Gelaſ. Hiſt. T. 3. p. 538. 547. & 498.

mira den deutschen König Heinrich den ersten wider die Böhmen auf. Kaum breitete sich der Ruf in Böhmen aus, mit welcher Grausamkeit dieser König die an der Sale, Elbe, und Oder wohnhaften Slawen behandelt habe, beschloßen die Böhmen einstimmig Heinrichen alle Päße und Thöre zu öfnen. Drahomira wurde bey dieser Gelegenheit aus dem Lande verwiesen, und dem ältern Prinzen Wenzel unter der Bedingung einen jährlichen Tribut dem deutschen König zu entrichten, die Regierung übergeben. Unter diesem Herzoge gelangte die christliche Religion wieder zu ihrer vormaligen Freyheit. Wenzel stellte die zerstörten Kirchen wieder her, rief die vertriebenen Priester zurück, und ließ im Jahr 929. den 22. October die Leiche seiner tugendvollen Großmutter Ludmilla von Tetin nach Prag überbringen, und in der St. Georgskirche mit vielem Gepränge beylegen z). Während der Belagerung von Karlstein wurde auch das Tetiner Schloß dermaßen niedergerissen und zerstöret, daß nur einige wenigen Spuren davon übrig geblieben sind.

Nach dem Berichte unsers Stransky hat man hier vor einigen Zeiten aus den nächst vorbey laufenden Wässern Gold gewaschen aa).

Was

z) Christannus apud Gelaſ. Hiſt. T. 3. p. 499. & 583.
aa) Reip. Boem. p. 53.

Was die Erbauung der zweyen Kirchen zu St. Michael und Katharine anbelanget, kann ich weder der Meinung unsers Hayek, der solche dem Herzog Borziwoy, und dessen Gemahlinn Ludmilla beyleget, noch der Entscheidung jener Schriftsteller beypflichten, welche die Errichtung derselben auf die Zeiten nach der Eroberung des Schloßes Karlstein einschränken. So viel weis man zuverläßig aus den Errichtungsbüchern, daß Tetin schon im Jahr 1378. mit einer Pfarrkirche versehen war, deren Patronatsrecht König Wenzel IV. dem Kapitel zu Karlstein mitgetheilet hatte bb). Nachdem aber in der angeführten Stelle die Erwähnung nur einer Kirche zu Tetin gemacht wird, so könnte man vielleicht nicht ohne Grund schließen, daß dieselbe nach der im Jahr 1422. vorgegangenen Verwüstung, abermal zu Anfang des sechzehnten Jahrhunderts hergestellet, und noch dazu die zwepte Kirche errichtet worden wäre, deren Administrirung dem gelehrten Geschichtschreiber Wenzel Hayek von Liboczan anvertrauet wurde cc). Diese Kirchen werden noch heut zu Tage von einem Administrator versehen, und stehen unter dem Patronatsrechte Seiner Majestät des Kaisers. Dieses Dorf zählet sammt dem 14) Ecrastischen Hofe 46 N.

15) Krupna, von 17 N. 16) Bielcz, von 30 N. 17) Paucznik, Baucznik, von 7 N. 18) Budnian, (Budarzy,) ein Flecken von 48 N. 19) Blu-

---

bb) LL. Erect. Vol. 2. R. 11. Vol. 3. J. 1.
cc) Abbild. der böhm. und mähr. Gelehrten. 1.Th.

Kluczicz, von 5 N. 20) Hlasno, oder Vorder Strzeban, von 49 N. 21) Hinter Strzeban, von 29 N. 22) Hostomitz, Hostomnicze, Hostimicze, eine freye königl. Stadt von 207 N., unter dem Schutze der Karlsteiner Herrschaft, und Kirche unter dem Tit. Petri Stuhlfeyer; führet im Wappen einen böhmischen Löwen. Gegen das 1406 Jahr schenkte Wilhelm Dubsky von Trzeboniißlitz Burggraf zu Karlstein der königl. Kammer das Schloß, Dorf, und den Marktflecken Hostomitz, wie auch die Dörfer: Modrawa, Wolkowicze, Cheynin, Horzelitz, Tuchonitz, Hoch Augezd, Mezry, Dobrowitz, Przltoczna, und Drahelnitz dd).

Hostomitz ist vom K. Karl VI. in die Zahl der Städte im J. 1738. den 29. Novemb. versetzet worden ee). Im J. 1778. den 22. April sind daselbst 22 Häuser und 7 Scheunen durch ein unverhoftes Feuer eingeäschert worden. Der hieraus erfolgte Schaden hat sich laut einer kreisämtlichen Untersuchung auf 8600 Fl. 53 kr. belofen. Ein noch viel größeres Unglück traf abermal die hiesige Stadt im J. 1779. den 9. Jun., zu welcher Zeit abermal 54 Häuser und 28. Scheuern nebst der Kirche und dem Rathhause abgebrannt sind. Der sämmtliche Schaden zu solcher Zeit wurde auf 48400 Fl. 47 kr. gerechnet ff).

C 2  23)

dd) Paroc. a Hammerschmied. Pr. Gl. P. I. p. 815.
ee) Archiv. Civit.
ff) Archiv. Civit.

23) Groß Leczicz, von 37 N.  24) Czelin.
25) Srbsko, von 24 N.  26) Roda, von 5 N.
27) Unter Roblin, von 9 N. davon 5 nach Hoch
Augezd gehören 28) Hinter Trzeban, Strzeban, mit
einer sogenannten 29) Sichrischen Mühle, von 30 N.

## Gut Smidarz.

Gehöret dem Hrn. Wenzel Maschek v. Maaß=
burg. Demselben sind einverleibt folgende Dörfer:

1) Smidarz, Swinarz, von 52 N., 3 Meil.
von Prag westsüdwestwärts entlegen, gehörte ehedem
nach Wscheradiz, wurde aber von dem Grafen Wratis=
law an das Gut Swinarz käuflich überlassen.

2) Hodjn, von 14 N.; diese zwey Dörfer
sollen ihr Daseyn schon zu Anfang des zehnten Jahr=
hunderts gehabt haben. Ein unbenannter Verfasser
der Lebensbeschreibung des heil. Iwan, welche noch im
Manuskript in der Klementinischen Bibliothek zu Prag
aufbewahret wird, berichtet uns, daß dieser fromme
Einsiedler nach abgestattetem Besuche bey der heil.
Ludmilla zu Tetin, seinen Rückweg zu der von ihm
gewählten Einöde über Swinarz, und Hodjn ge=
nommen habe a). 3) Lhotka, von 10 N.

Gut

---

a) Anonymus a. Gelaſ. Hiſt. T 3. p. 424.

## Gut Hoch Augezd, (Wysoky Augezd,) Vgezdecz.

Zwey Meil. von Prag westsüdwestwärts entlegenes Dorf, von 39 N., gehöret dem Hrn. Johann Jonak von Freyenwald. Ehedem gehörte dieses Gut dem Frauenkloster bey St. Georg zu Prag, wurde aber im Jahr 1409. an die Strahofer Prämonstratenserabtey für das Dorf Podmokl, welches nahe an der Stadt Miczlecz liegt, vertauschet a). Ferner gehören noch her: 2) Ober Roblin mit einem ehmaligen unter die Unterthanen zertheilten Meyerhofe von 5 N., davon etwas nach Königsaal gehöret. Unter Roblin kömmt bey Karlstein vor.

## Kammeradministrationsgut St. Johann unter dem Felsen.

Wird auch Insel, Skala, Ostrow, St Joannes sub rupe genannt, besteht aus einem Dorfe von 24 N., und einem ehedem schönen Benediktinerkloster, nebst einer von dem Abte Matthäus von Bilenberg an der ehemaligen kleinen, neu errichteten Pfarr- und Konventkirche unter dem Tit. des heil. Johann Taufers; liegt zwischen steilen Bergfelsen an dem Bache Lodenitz, 2 1/2 gemeine Meile von Prag westsüdwestwärts entfernt. Die hiesige Gegend hat einen guten theils Waitzen-, größtentheils aber Kerrnboden, wie

a) Hammerschmied in Hist. Monast. S. Georg. p. 100.

wie auch einen überaus guten Kalk, und einen der schönsten in ganz Böhmen roth und gelb, wie auch roth und weiß gemischten Marmorstein, der aber nur in kleinen Stücken bricht a).

Dieses ehemalige Stift hatte sein Daseyn dem hl. Iwan, einem Sohne des Gestimulus, Herzogs aus Kroatien, zu verdanken, welcher nach dem Tode seines Vaters das Vaterland verlassen, und nachdem er mehrere Königreiche durchgewandert, diese wilde Gegend gegen das Jahr 867 zu seinem Aufenthalte gewählet, und daselbst nach Hagets Berichte sehr lang gelebet hatte b).

Nach dem Hintritte dieses frommen Mannes ließ Herzog Borziwoy nach dem Verlangen des Verstorbenen, welches er noch zu seiner Lebszeit äußerte, an diesem Orte eine Kapelle unter dem Namen des heil. Johann Taufers errichten c).

Im Jahr 1033. den ersten Februar führte Brzetislaw nachmaliger Herzog, noch bey Lebzeiten seines Vaters Udalrich etliche Geistliche aus dem Benediktinerkloster zu Ostrow bey der vom Herzog Borziwoy hier erbauten Kirche ein d), und schenkte zu dieser neuen Stiftung nebst dem Zolle der zehnten Woche zu Domažlicz die Dörfer: Czizowitz, Chrustenitz,

a) Ferber Mineralgeschichte von Böhmen. p. 16.
b) Gelaſ. Hiſt. T. 3. p. 82. & T. 2. p. 550.
c) Ibidem T. 3. ex vita S. Ivani MS. p. 426.
d) Neplacho a Gelaſ. Mon. T. 4. p. 101.

nitz, Jnonczicz, Ostroczinow, und Czimy e). Bald darauf wurde dieses Kloster zu einer Probstey erhoben f), welche dem Abte zu Ostrow bey Dawle untergeordnet blieb bis auf das Jhr 1422, in welchem diese Probstey von den Pragern zerstöret, die Geistlichen vertrieben worden, und ihre Güter in fremde Hände gerathen sind. In solchem elenden Zustande verblieb dieses Stift bis nach den geendigten hussitischen Unruhen. Nachdem die Ruhe im Lande gegen die Mitte des funfzehnten Jahrhunderts einigermassen wieder hergestellet war, sammlete einer aus der zu solchen Zeiten sehr berühmten und wohlhabenden Familie der Herren von Hasenburg, die zerstreuten Geistlichen Benediktinerordens wieder zusammen, stiftete sie neuerdings daselbst, und wand alle mögliche Mühe an, die Güter, so dem Kloster zu Ostrow bey Dawle entrissen worden, wieder einzuholen. Dieses mag auch allem Ansehen nach die wahre Ursache seyn, warum dieses Kloster den Namen Ostrow, und zum ewigen Andenken seines zweyten Stifters, einen Wildschweinkopf in dem Wappen angenommen habe g). Es ist hier besonders merkwürdig die Höhle des heil. Iwan, theils des herabtropfenden Wassers, welches in einem Glas aufgefangen, seine natürliche Flüßigkeit zwar behält, wofern es aber auf einen Stein fällt, in ein Bergkrystall verwan-

e) Bonav. Pitter Thes. Abscond. p. 153.
f) LL. Erect. p. 12.
g) Gelas. Hist. T. 5. p. 117.

wandelt wird, theils der im Stein ausgehauenen Zeichen wegen, welche die Lage eines stehenden, liegenden, knienden, und sitzenden Menschen vorstellen. Die Ueberbleibsel des heil. Iwan werden in der neuen Kirche auf einem, auf Befehl der Kaiserinn Anna im Jahr 1616. on weißem Marmor verfertigten Altar aufbewahret. Nebst unzähligen anderen Pilgrimen, die jährlich diesen Ort besuchen, waren auch die gekrönten Häupter Kaiser Mathias sammt seiner Gemahlinn Anna, und Kaiser Ferdinand der dritte, welcher diesen Ort eine königliche, und eines Königs würdige Einöde genannt hatte h).

Im Jahr 1785. sind die Ordensmänner dieses Stiftes, deren hier 18 an der Zahl waren, zur Zeit des wohlverdienten Abtes Johann Felix von Ebenholz laut eines allerhöchsten Hofbefehls aufgehoben, und das sämmtliche Gut Dawle nebst den hier folgenden Dörfern an den Religionsfond gezogen worden.

2) Bukowitz (Bukowicze, von 29 N. mit einem Mayerhofe, einer Schäferey, und einem Flußhause, nebst einer Kapelle unter dem Tit. des heil. Adalbert. 3) Selz, Sedlecz, Sedlicze, von 13 N.

4) Hostin, von 33 N. 5) Ptak, oder Biley ein Mayerhof. 6) Neuwirtshaus.

---

h) Gelas. T. 3. p. 425.

## Kammeralherrschaft Zbirow.

Her sind einverleibet: 1) Zbirow (Zbiroh) ein Marktflecken, zählet 124 N. nebst einem alten, dessen nur wenige Merkmale unter dem Namen Stary Zbirow noch vorhanden sind, und einem neuen Bergschlosse, welches großtentheils auf einem rothen Jaspisfelsen erbauet ist, liegt an einem unbenannten Bache 6 1/2 Meile von Prag westsüdwestwärts an der Nürnberger Poststrasse, und führet drey Rosen in Wappen. Die Gegend herum ist bergicht, und der Feldbau von mittlerer Gattung, indessen aber werfen hier die Eisenhämmer einen grossen Nutzen ab. Die Kirche unter dem Tit. des heil. Nikolaus B. war im Jahr 1384. mit einem eigenen Seelsorger versehen a), heut zu Tage aber wird sie von dem Pfarrer zu Drahno Augezd, so wie die Schloßkapelle unter dem Tit. Marien Himmelfahrt von einem Lokalkaplan administrirt.

Kaum wurde Karl IV. von seinem Vater im Jahr 1333. zum Statthalter von Böhmen ernannt, so richtete er seine Sorge hauptsächlich dahin, die von seinem Vater an verschiedene Herren in Böhmen verpfändete Schlösser, unter welchen auch Zbirow war, wieder an die königl. Kammer zu bringen. Er brachte auch dieses sein Vorhaben in kurzer Zeit zu Ende, theils durch die Zurückstellung des Pfandschillings, theils durch Bezwingung derer, die sich seinem Unterneh-

---

a) LL. Erect.

nehmen widersetzt hatten b). Dessen Sohn Wenzel, der sich um die glückliche Aufnahme seiner Staaten wenig bekümmerte, und überdieß allemal einen Mangel an Geld zu leiden schien, trat abermal das Schloß Zbirow sammt allen dazu gehörigen an den Hrn. Marquard von Zleb, Herrn auf Zleb und Rohozetz pfandweis ab. Marquard genoß diese Güter eine Zeit lang ruhig, wurde aber bald darauf durch den täglichen Zuwachs seines Reichthums stolz, lehnte sich wider seinen König auf, und zog mit bewafneter Hand zu Felde, wurde aber im Jahr 1384. vom König Wenzel überwunden, und gefangen genommen c), seine Güter aber sind nach dem Verlauf einiger Jahre an die Herren von Kolowrat abgetreten worden. Aus diesen Besitzern ist uns nur der Hr. Hanus v. Kolowrat bekannt, welcher im Jahr 1467. nach dem zeitlichen Hintritte seiner Gemahlinn in geistlichen Stand getreten, und seiner ausnehmenden Tugenden wegen erstens Domherr an der Kathedralkirche bey St. Veit zu Prag, dann Probst am Wischehrad geworden ist d).

Solchergestalt kam Zbirow, ob aber käuflich, oder nur pfandweis, ist mir unbekannt, an die Hrn. von Lobkowic, aus deren Zahl folgende bey unsern Schriftstellern vorkommen: Johann von Lobkowicz, der

---

b) Carolus IV. in vita sua a Pelzel, P. I.
c) Pulkava a Gelas. Mon. T. 4.
d) Balbin in syntagm. Famil. Kollowrat. C. 9. & Berghau. in Protom.

**Berauner Kreis.**

der ältere Oberstlandrichter um das Jahr 1552 e); dann Ladislaw Popel von Lobkowic, Oberstlandskämmerer f), der sich von dem Strome der herrschenden Unruhe in Böhmen zur Zeit K. Ferdinands des zweyten hinreißen ließ, bald darauf aber zur Strafe seiner sämmtlichen Güter verlustigt, und sammt dem Paul Rzičzan, Johann von Wostrowecz, und Felix Wenzel Pietipesky zu Zbirow auf ewig festgesetzet worden ist g).

Im Jahr 1675 den 1. Oktob., kam hier zur Welt jener berühmte Theolog Benignus Sichrowsky. Dieser Mann trat im Jahr 1692. in den Eremitenorden des heil. Augustinus, und erwarb sich sowohl durch die Gottesgelahrheit, als auch andre ausnehmenden Tugenden einen besondern Ruhm. Dessen Lebensbeschreibung ist in dem 3. Theil der Abbildung böhmischer und mährischer Gelehrten ausführlich zu finden.

2) Lischna, Lissno sammt der bey der St. Peterskapelle gelegenen Chaluppe von 39 N., jetzt ein Dorf ehedem ein Rittersitz der Hrn. von Protiwecz, welche eine Ente mit einer Schlange im Schnabel in ihrem Stammwappen führten, dessen noch wenige Merkmale auf einem nicht ferne von dannen liegenden verfallenen Bergschlosse nebst einem Brunnen wahrzunehmen sind. Von eben diesen Herren ist die eine Viertel-

---

e) Diplom, a. Gelaſ. Mon. T. I.
f) Hammerschmied Pr. Gl. Pr.
g) Pelzels Geschichte der Böhmen.

teiſtunde von hier entlegene Kirche unter dem Namen der Ap. Peter und Paul zu erſt von Holz errichtet, ungefähr vor ſechzig Jahren aber erweitert, und von Stein ganz neu erbauet worden. Das behutſame Verfahren des Bauführers hinterließ uns in dieſer Kirche folgende zwey Grabſteine unbeſchädigt:

1574. Vmrzel Jan Protiwecz z Entnſſtanku
1575 Vmrzel Vroz. P. Girzj Protiwecz z Entnſſtanku, a na Lyſſnym.

3) Teiczek, von 33 N. 4) Przischednitz, Przisezniсze, von 11 N.

5) Gableczna, Jabletschno, von 19 N. 6) Woſtrowecz, Oſtrowecz, von 18 N.

7) Mleczicz, von 46 N., mit einer Kirche unter dem Tit. Marien Himmelfahrt, die von einem Lokalkaplan adminiſtriret wird.

8) Schwabin, Swabin, von 5 N. 9) Drahno Augezd, von 35 N., ein Dorf und Kirche unter dem Tit. des heil. Ap. Jakob des Gr., die ſchon 1384. mit eigenem Seelſorger verſehen war, heut zu Tage wird ſelbe von einem Dechant adminiſtriret. Dieſes Dorf liegt an einem unbenannten Bache 6 3/4 Meil. von Prag hinter Zbirow.

10) Strzebnuſſka, von 16 N. 11) Weywanow, von 38 N. 12) Biſtkaupek, von 22 N. 13) Sebetſchitz, Sebeczicze, von 29 N. 14) Choſtetin, von 9 N. 15) Pliſtow, von 28 N. 16) Klein Augezd, ein Mayerhof. 17) Czechow, Czech, Czckow, von 25 N., gehörte zu Ende des vierzehnten Jahrhunderts dem Erzdechant bey der prager

Domkirche, zur Zeit des hussitischen Krieges aber
gerieth dieses Dorf in fremde Hände, und wurde endlich vom K. Siegmund an Walrichen v. Rokiczan
verkauft h).

18) Garcs, Barcz, von 16 N. 19) Ka-
rizek, Klein Karcz, von 16. N. 20) Syrcy, Syr-
ra, von 16 N. 21) Lhota, von 53 N., mit einer Kirche unter dem Tit. der heil. Ap. Philippi
und Jakobi.

22) Tieschkow, Ticzkow von 37 N. 23)
Mauth, Meyto popelowe, ein Marktflecken von
144 N., liegt 9 Postmeilen von Prag entfernt an
der nürnberger Poststrasse, und ist mit einer Pfarrkirche unter dem Tit. des heil. Joh. Tauf., die schon
1384. mit eigenem Seelsorger besetzet war, wie auch
mit einer k. k. Poststation versehen, von dannen eine
Post bis Czerhowicz, und eben so viel bis Rokizan
gezählet wird.

24) Glwina, Jwina von 17 N. 25) Ho-
laubkowek, von 27 N. mit einem Eisenhammer.

26) Bohuslaw, eine Mühle. 27) Medo
Augezd, von 21 N. 28) Jageczow von 40 N.
29) Kwan, Kwain, von 40 N. 30) Tienna,
Tienn, von 28 N. Dieses Dorf schenkten die Hrn.
von Waldek nach Budislaws von Waldek Probstes
zu Melnik Tode dem Kloster bey St. Benigna i).

31)

h) Ex regist. Bonor. Eccles. abalienat, a Berghauer,
 Protom. P. I.

i) Ex Libris Monasterii Paproc. de statu Dom.

31) Straschitz, von 136 N. mit einer Lauren-zikirche. 32) Hurka, Hurek, von 22 N. 33) Maticz, eine Mühle.

34) Wolessna, Olessna, von 50 N. Christoph von Gutenstein verpfändete die Dörfer Olessna und Husticz, wie auch einen Theil von dem Dorfe Augezd, Kpeth, und Giuwin (Giwina) mit Genehmhaltung K. Wladislaws II. an den Hrn. Bunach Pessik von Komarow für ein Tausend fünfhundert Ungarische Gulden, dessen Vetter aber Johann Borziwog und Niklas v. Komarow traten diese gesagten Dörfer 1550. an den Hrn. Johann von Waldstein um gleiche Summe wieder ab k).

35) Sweikowitz, von 22 N. 36) Czapek ein Mühle. 37) Dobrziw, von 55 N., mit einem Eisenhammer.

38) St. Benigna, Klaster Sw. Dobrotiwe, Ostrow, ist jetzt bey Neudorf zugerechnet, ehedem ein Kloster des Eremitenordens des heil. Augustinus, liegt fast mitten zwischen Ginetz und Mauth auf einer Insel, welche hier der Rothbach formiret, 8 1/2 Meile von Prag entfernt. Dieses Kloster stiftete Udalrich Hasenburg von Waldek Herr auf Zebrak mit Genehmhaltung K. Ottokars II., und Bestätigung des prag. Bischofs Joh. III. zu Ende des dreyzehnten Jahrhund. unter dem Namen der Mutter Gottes,

wid-

---

k) Urkunde a Gelas. Mon. T. 1. Diplomat. Waldstein Wartenberg.

widmete zu solcher Stiftung den Ort Ostrow, wie auch das Dorf Kwan und Wsseratitz l).

Nach der Zeit vermehrten solche Stiftung die Nachkömmlinge des gleichen genannten Udalrich; einige aus ihnen nahmen selbst das Kleid dieses Ordens an, die sich theils durch ein auferbauliches Leben, theils durch die Begleitung ansehnlicher Ordensämter bey der Nachwelt berühmt machten m). Zu Anfang des vierzehnten Jahrhunderts schenkte Udalrich von Hasenburg prager Domdechant den Leib der heil. Benigna diesem Kloster, und solchemnach fieng dieses bis jetzt unter dem Namen Ostrow bekannte Kloster den Namen St. Benigna zu führen an n). Im Jahre 1368. wurden die Einkünfte dieses Klosters abermal beträchtlich vermehret durch den Urenkel des ersten Stifters Hr. Zbinko Zamorsti von Hasenburg, welcher nebst 110 Sho.f. Gr., die er zu dem Kirchenbau bestimmet, noch die Hälfte von dem zu seiner Herrschaft Waldek gehörigen Dorfe Giwina geschenket, und einen namhaften jährlichen Zins in Drazdow, Obcow, und Czenkow diesem Stifte unter solcher Bedingniß angewiesen hatte, damit täglich für ihn und seine Voreltern drey Messen, am Tage des heil. Valentin aber 24 Messen gelesen,

und

---

l) Urkunde. a Paprocky de statu Dom. & Balbin. Hist. Latin. S. Montana Auctuar.

m) Lupac. 28. Iun.

n) Ex libris Benef. Monast. Ostroviensis. Paproc. de statu Dom.

und funfzig Arme in diesem Kloster gespeiset werden o). Im Jahre 1411. den 11. Oktob. vermachte Zbinko von Hasenburg prager Erzbischof einige auserlesenen Bücher diesem Kloster p). Dieses bis zu solchen Zeiten so ansehnliche und wohl begüterte Kloster mußte endlich auch der hussitischen Wuth unterliegen, wurde von dieser Rotte dreymal in Brand gesetzet, und des sämmtlichen sowohl Kirchen- als Klostergeräths beraubt. In solcher Verwüstung blieb dasselbe bis auf das Jahr 1496., wo Johann von Hasenburg, Nikolaus, und Zdenick von Rozmital Herr auf Blatna mit vereinigten Kräften dieses Kloster wieder hergestellt, und den oberwähnten Geistlichen eingeräumet haben q). Allein der Aufenthalt dieser Ordensmänner war hier abermal von keiner langen Dauer, denn bald darauf verfielen diese Güter käuflich an verschiedene akatholischen Herren, welche ihnen den nöthigen Unterhalt versagt, dieselben in verschiedenen Fällen hart gedrückt, und endlich gar zur gänzlichen Verlassung dieses Klosters genöthiget hatten. Nach dem Verlauf einiger Zeit von ungefähr hundert Jahren hat Johann Bolens von Bolna Oberamtsverweser auf der kais. königl. Herrschaft Zbirow das durch die Länge der Zeit größtentheils schon eingegangene Kloster aus eigenem Vermögen wieder hergestellt, und

mit

o) Ibidem.
p) LL. Erect. Vol. 8. O. 10.
q) Urkunde. a. Paproc. l. c.

mit Bewilligung K. Leopolds I. den vorgemeldten Geistlichen übergeben r).

Im Jahre 1785. sind diese Ordensmänner hier, deren 7 an der Zahl bloß von Almosen, und einigen geringen Kapitalien, dann Deputat, der ihnen von der Herrschaft Zbirow ausgeliefert wurde, gelebt haben, laut eines Hofdekrets aufgehoben worden. Knap an diesem Kloster laufen die unter dem Namen Bassriny oder Brdj bekannten Berge von Rokitzan bis an Dobrzjchowicz konisch zu, und nehmen eine Strecke ohngefähr von 6 Meilen ein, darunter sich besonders der Berg Trzemossna oder Trzebussna auch Trzebussnice durch seine Höhe auszeichnet. Von diesem Gebirge wurde ehedem dieser Kreis der Podbrder genannt. Dasselbe ist auch berühmt theils des Imbers, den man hier häufig sammelt, theils der besten Hirschen wegen, die sich in diesen Wäldern ehedem in großer Menge aufgehalten haben s).

Am Fuße des Berges Trzemoschna entspringt aus mehrern Quellen der Rothe Bach, czerweny Potok, von da richtet er seinen Gang gegen Mitternacht, nimmt bey Komarow und Baborin zwey unbekannte Bäche auf, und ergießt sich nahe bey Zditz in den Bach Litawka.

39) St. Stephan von 3 N.  40) Glashütten von 13 N.  41) Neudorf von 15 N.  42) Smolarna von 4 N.

r) Hammerschmied. Pr. Gl. Pr.
s) Balbin Misc. & Reiffenstuell.

## Kammeralherrschaft Tocznik.

Her gehören: 1) Zebrak, Bettlern, Mendicum, eine freye Kammeralstadt von 119 N. mit einem Steinkohlenbruche, liegt in einem angenehmen Thale an der nürnberger Poststrasse 5 1/2 Meile von Prag entfernt, führet im Wappen zwey über einander stehende Löwen, die durch ein mitten darzwischen gesetztes Schild getrennet sind. Die Gegend herum ist größtentheils flach, und flözartig, u. enthält häufige Steinkohlenschichten a). Der Ackerboden ist hier mittelmäßig, wo meistentheils Korn, zum Theil aber auch Weitzen gesäet wird.

Diese Stadt gehörte anfänglich den Hrn. Hasenburg von Waldek, dann fiel selbe der kön. Kammer zu, wie alles dieses bey dem Schlosse Zebrak ausführlich vorkommen wird, und endlich den Herren von Lobkowicz, von denen sie mit herrlichen Privilegien versehen, im Jahre 1425. aber von den Hussiten, und 1611. von den passauer Soldaten geplündert, in Brand gesteckt, und in die betrübtesten Umstände versetzet worden ist b). Die hiesige Pfarrkirche unter dem Tit. des heil. Laurenz, und Patronatsrechte Sr. Majestät des Kaisers, die schon 1384. mit eigenem Pfarrer versehen war c), wird heut' zu Tage von einem Dechant administriret. Zu Ende des sechzehnten Jahrhunderts kam hier zu Welt Wenzel Klemens, der sich durch verschiedene poetische

a) Ferber. l. c.
b) Europ. Staatslexikon.
c) LL. Ere॥. Vol. 12. C. 10.

tische Werke sowohl bey seinen Landesleuten, als auch bey den Ausländern vielen Ruhm erworben hat d).

Eine halbe Stunde von dannen liegen jene zwey zerstörten Bergschlösser: 2) Žebrak und 3) Točznik von 17 N., welche fast zu allen Zeiten gleichem Schicksale unterworfen waren. Žebrak ist von den Hrn. von Hasenburg angelegt e), bald darauf aber 1319. nach dem Tode des Herrn Wilhelm Zagicz von Hasenburg an die königl. Kammer abgetreten, und dann 1336. vom K. Johann abermal dem Hrn. Johann von Hasenburg für die Stadt Budin überlassen worden f). Im Jahre 1348. kaufte Johann Herzog aus Kärnten und Karls IV. Bruder dieses Schloß, erneuerte die durch Länge der Zeit größtentheils eingegangene Schloßkapelle unter dem Tit. des heil. Apollinar, stiftete dabey ein tägliches Meßopfer auf immerwährende Zeiten, und schenkte zu diesem Endzwecke das Dorf Praskoles g), welches K. Karl IV. das folgende Jahr darauf von allen königlichen Steuern und Abgaben laut folgender Urkunde befreyet hatte: Doczznau wes Praskolesy gegim prziffuffenstwjm nahorze gmenowanym z obwzlassene welebnosti nassi Ofstiedcery od Berili

d) Balbin. Boem. docta. P. 2.
e) Berghauer l. c. P. 1.
f) Paproc. de statu Dom.
g) Diplom. a Hagek ad A. 1348. & Gelaf. Hist. T. 5. Archiv. Praskoles.

neb Zbirky kralowſke, kolikrátkoliw, a kdykoliw, na wiecžne budaucžy cžaſy w docžtenem Kralowſtwj naſſem wybírati ſe treffy, a odewſſech ginych wſſeligakých platůw, gakimkoliw gmenem ſe gmenugj, wyſwobodiugeme, propauſſtime, a ſwobodnau cžinime. Dano w Praze leta Panie 1349. dne 28. Novemb. Das Original iſt in lateiniſcher Sprache abgefaßt. Aus was für Gründen aber unſer Berghauer die Anlegung dieſes Schloßes den Hrn. von Haſenburg zwar, die Errichtung der hieſigen Schloßkapelle aber dem Udalrich ehe er noch zum Herzogthum von Böhmen gelangte, auf das Jahr 1011. beylegen konnte, kann ich ohne einen Verſtoß hierinn wahrzunehmen, nicht genugſam einſehen h). Nachdem der obengenannte Herzog Johann 1350. das Markgrafthum Mähren von ſeinem Bruder Karl IV. bekommen hat, trat er ihm dagegen Zebrak ſammt allen hierzu gehörigen Beſitzungen ab. Das folgende Jahr darauf hielt ſich Karl IV. eine Zeit lang auf dieſem Schloße auf, begab ſich aber bald wieder ganz betrübt von dannen weg, nachdem ſein erſtgebohrner Sohn hier krank geworden, und den 30. Dezember mit Tode abgegangen iſt i). K. Wenzel IV., der ſich den Verluſt ſeines ältern Bruders nicht viel zu Gemüthe mag genommen haben, beſuchte abermal fleißig das Schloß Zebrak, und führte auf einem dieſem Schloße ganz nahe entgegen gelegenen

---

h) Berghauer. l. c.
i) Beneſſ. a Gelaſ. Mon. T. 4.

steilen Berge ein festes Schloß auf, dem er den Namen Tocznik beygeleget hatte, weil man dreymal eine schneckenförmige Wendung um den Berg nehmen mußte, wenn man auf den Gipfel dieses Bergs gelangen wollte. Diese zwey Schlößer dienten von nun an dem K. Wenzel sowohl zu einem angenehmen, als auch sichern Aufenthalte wider die bald darauf erfolgte Aufruhr der Böhmen, wie solches die vielfältigen Majestätsbriefe bezeugen, die er theils auf dem Schlosse Tocznik, theils auf dem Schlosse Zebrak unterzeichnet hatte k).

Bey den so häufig im Lande zunehmenden hussitischen Unruhen hielt K. Siegmund nicht für rathsam die von seinem Bruder Wenzel gesammelten Schätze auf diesem Schlosse länger zu lassen; sondern schafte dieselben eben noch zu rechter Zeit von dannen weg l).

Bald darauf bemächtigte sich dieser beyden Schlößer Hanuß von Kollowrat, und im J. 1425. belagerten selbe die Prager, mußten aber unverrichteter Sache von dannen wieder abziehen m).

Nach hergestellter Ruhe in Böhmen wurden diese Schlößer den unrechtmäßigen Besitzern weggenommen, und vom K. Wladislaw II. sammt allen Gerechtsamen gegen das Jahr 1509. an den Hrn.

Chri=

k) Berghauer l. c. und Peljels Geschichte der Böhmen.
l) Ibidem.
m) Bartoss. a Gelaf. Mon. T. 1. & C. Palkavae, T. 4.

Chriſtoph von Guttenſtein n), dann vom K. Ludwig an Johann von Wartenberg Herrn auf Zwirzeticz pfandweis abgetreten o).

Wartenberg traf bey ſeiner Beſitznehmung das Schloß Tocznik zwar ſehr beſchädiget an, Zebrak aber ganz im Schutte begraben, und ſah, daß es nicht möglich wäre, daſſelbe wieder herzuſtellen; darum richtete er ſein Augenmerk hauptſächlich dahin, das Schloß Tocznik neuerdings zu befeſtigen, und mit einem Brunnen zu verſehen, welches er auch mit einem Aufwand von 1250. Sch. prag. Gr. in einer kurzen Zeit glücklich bewerkſtelliget p), und 1534. dieſe Herrſchaft an Wolfgangen Kragirz v. Krayk Herrn auf Neu Biſtritz, und Oberſtburggrafen in Böhmen abgetreten hat q).

Im Jahr 1545. gelangten dieſe Güter von den Kragirzen an Johann Waldſtein Herrn auf Perucz r), welcher abermal mit Bewilligung K. Ferdinands I., und der ſämmtlichen Landesſtände auf dem prager Landtag 500 Sch. pr. Gr. zur Verherrlichung dieſes Schloßes verwendet s), und 1552. Zebrak und Tocznik an den Herrn Johann von Lob-

n) Urkunde a Gelaſ. Mon. T. I. & Balbini Miſc. L. 3. Hagek ad A. 1509.
o) Urkunde a Gelaſ. Mon. T. I.
p) Urkunde. l. c.
q) Urkunde. l. c.
r) Urkunde. l. c.
s) Urkunde. l. c.

kowicz den ältern pfandweis überlassen hatte t). Dieser Lobkowicz brachte endlich mit Genehmhaltung des Kaisers, und eines im Jahr 1556. zu Prag gehaltenen Landtages diese beyden Herrschaften nach dem erlegten Kaufschilling erblich an sich u).

Von dieser Zeit an blieb das Lobkowiczische Geschlecht im Besitz dieser Güter bis auf Wilhelmen Popel v. Lobkowicz, der zur Zeit K. Ferdinands II. zu Ibirow festgesetzet, dessen sämmtliches Vermögen aber an die k. Kammer gezogen, und nach der Zeit an die Fürsten von Lichtenstein verpfändet wurde x).

Vor Zeiten war auch bey Toczník ein weitschichtiger Thiergarten, darinn Hirsche und Damhirsche aufbewahret wurden, allein 1630. ist dieser Thiergarten abgeschaft worden.

4) Chodaun, von 30 N. 5) Straupin, eine Mühle. 6) Jbiz, Wzdicz, Vzdicz, Weißkirche, alba Ecclesia, ein Dorf von 65 N., und Kirche unter dem Tit. Marien Geburt an der Nürnberger Poststrasse 4 1/2 Postmeilen von Prag westsüdwestwärts entlegen, mit einer k. k. Poststation, von dannen 1/2 Post bis Beraun, und eine ganze bis Czerhowitz gerechnet wird. Die hiesige Kirche war schon im J. 1384. mit eigenem Pfarrer versehen y), jetzt aber wird selbe von einem Lokalkapellan administriret. Nahe an diesem Dorfe bricht ein guter Kalkstein z).

Im

t) Urkunde. l. c.
u) Paproc. l. c.
x) Urkunde. in Archiv. Prascolef.
y) LL. Erect. Vol. 8. H. 2. Vol. 12. E. 2.
z) Ferber l. c.

Im J. 1193. stießen hier die feindlichen Heere des Przemisl, und Heinrich Brzetislaw prager Bischofs auf einander. Brzetislaw war von kaiserlichen Truppen unterstützet, Przemisl hingegen verließ sich auf sein Volk allein, und brachte kurz bevor den Kaiser, durch ein mit dem Markgrafen von Meißen geschloßenes Bündniß ungemein wider sich auf aa). Die Böhmen waren mit Przemisls Betragen gänzlich unzufrieden, und sahen auch viel deutlicher ein, als ein jetzt lebender Chronist solches beurtheilen mochte, daß sie bey so gestalter Sache sich viel eher von der Regierung ihres Bischofs goldene Berge versprechen, als auf Przemisls flatterhafte Gesinnungen bauen könnten, der sich für jetzt feindselig wider den Kaiser, und undankbar wider seinen Wohlthäter und Thronbeförderer den nachmaligen Herzog Brzetislaw selbst bezeiget hatte, und flohen von dannen weg, ehe es noch zu einer Schlacht gekommen war; solchemnach war Przemisl genöthiget die Flucht zu ergreifen, und die Krone von Böhmen Brzetislawen abzutreten.

7) Bnižkowicze, von 17 N. 8) Hrzedl, von 57 N., mit einem Eisenhammer. 9) Baborin, von 19 N., davon 1 nach Horzowitz gehöret.

10) Brzezowa, von 24 N. Nicht ferne von dannen liegt das sogenannte Forsthaus Zolna, so zur Herrschaft Bürglitz gehöret. 11) Rom, liegt ober dem Berge Weliz, und zählet 22 N., die dem Dorfe Kublow beygerechnet sind.

12)

aa) Chron. Gerlaci s. Gelas. Mon. T. 1.

### Berauner Kreis.

12) Kublow, von 48 N. 13) Bzow, von 56 N. 14) Weliz eine Kapelle unter dem Tit. des heil. Johann Taufers, die im Jahr 1787. aus dem Religionsfond mit eigenem Pfarrer versehen worden, der zu Kublow wohnet, liegt 1 1/2 Stunde von Zebrak nahe bey dem Dorfe Kublow. Im J. 1012 lud Kochan aus dem Geschlechte der Werssoweczen, und ein abgesagter Feind der Herzoge aus Böhmen, den Herzog Jaromir zu sich auf eine Jagd, und fand das Mittel ihn von seinem Gefolge zu trennen, und auf eben diesen Ort, wo jetzt die gleich erwähnte Kapelle steht, zu verleiten. Hier ließ er ihn vom Pferde reißen, rücklings auf der Erde an Pfähle binden, und schrecklichen Muthwillen mit ihm treiben, ja er faßte sogar den Entschluß ihm das Leben zu rauben. Howora, ein innigst Vertrauter aus Jaromirs Gefolge, wurde dessen von ferne gewahr, rief seine Leute herzu, überfiel diese Mißethäter, nahm etliche derselben gefangen, machte den halbtodten Herzog aus den blutgierigen Händen dieser Mörder los, und ließ ihn in einem Wagen nach Wissehrad übertragen bb). Jaromir schrieb diese seine wunderbare Rettung vorzüglich der Fürbitte des heil. Johann Taufers zu, dessen eifriger Verehrer er zu allen Zeiten war, befahl auf dem Orte der erlittenen Gefahr eine Kapelle unter dem Namen des gleichgesagten Heiligen zu errichten, den Verbrechern aber auf der Wiese Borzin-

den

---

bb) Cosmas L. I. Gelas. Hist. T. 5. Adsict. Münsb. T. I.

den Kopf abschlagen cc). Nach der Zeit schenkte der Herzog Brzetislaw diese Kapelle dem Benediktinerstifte auf der Insel dd), worauf hier eine Probsten gestiftet ee) wurde, die zur Zeit der hussitischen Unruhen wieder zerstöret worden ist ff).

15) Chlustina, von 43 N. 16) Sedlecz, von 15 N. 17) Drozdow, Drazdow, von 42 N. 18) Strzeniez, Trženitz, von 16 N., davon 2 nach Horzowitz gehören.

19) Czerhowicz, ein Marktflecken von 110 N. mit einer Pfarrkirche unter dem Tit. des heil. Martinus B., wie auch mit einer k. k. Poststation, von dannen eine Post bis Zditz, und eben so viel bis Mauth gerechnet wird; liegt an der Nürnberger Reichspoststrasse 7 Postmeilen von Prag entfernt. B. Ladislaw versetzte Czerhowicz in die Zahl der Marktflecken, und gestattete den Einwohnern nebst andern Privilegien auch das Recht Bier zu brauen, und ein Stadtinsiegel zu führen, worauf im gelben Felde ein Thier zu sehen ist, dessen obere Hälfte einen hüpfenden Hirschen, die untere aber einen Bären vorstellen gg).

---

cc) Neplacho a Gelas. Mon. T. 4. & Hagek. ad A. 1003.
dd) Urkunde a Bonavent. Pitter in Thesaur. Absc.
ee) LL. Erect.
ff) Gelas. Hist. T. 4.
gg) Archiv. Oppidi.

## Kammeralherrschaft Königshof.

Her gehören: 1) **Königshof**, Kraluw Dwury Villa regia, ein Schloß und Dorf von 21 N., liegt nahe bey der Stadt Beraun an dem Bache Litawka, und an der nürnberger Poststraße 4 gemeine Meilen von Prag entfernt. Der gleichgemeldte Bach Litawka entsteht unter Przibram aus dem Abflusse einiger Teiche, richtet seinen Gang bey Hostomitz und Lochowitz gegen Norden, nimmt bey dem Dorfe Zditz den von Horzowicz herbeyeilenden Rothenbach, und fällt bey der Stadt Beraun in den Fluß gleiches Namens. Dieser Bach ist zwar an sich selbst unbedeutend, bey großen Wassergüßen aber wird er einem reißenden Strome ähnlich, und füget dem an seinen Ufern wohnenden Landmanne oft vielen Schaden zu. 2) **Jarow** von 19 N. 3) **Litohlaw** eine Mühle. 4) **Karlshütten** mit zweyen Eisenhämmern von 14 N. Darzu auch 5) **Karlsberg** beygerechnet wird. 6) **Popowicze** von 30 N. 7) **Bitow**, Bythow von 14 N. Im Jahre 1257. schenkte König Przemisl Ottokar II. dieses Dorf dem Spitale der Kreuzherren an der prager Brücke zu einem bequemen Unterhalte der Armen. a) 8) **Koniaprussy** von 27 N. 9) **Korno** von 22 N. 10) **Sletzina**, Sleiczin, Zdegczin von 14 N. 11) **Zahorzan**, Zahorzany von 17 N. 12) **Schmidowitz**, Schmidowicze, Schmiedberg von 7 N. 13) **Trubska** von

---

a) Urkunde in Archivo Cruciger.

16 N. 14) Trubin von 17 N. 15) Poczapl von 21 N. mit einer Kirche unter dem Tit. Marien Himmelfahrt, welche in den Errichtungsbüchern auf das Jahr 1384. als Pfarr-, im Jahre 1389. aber als Filialkirche vorkömmt. Im Jahre 1253. wurde hier der König Wenzl I. krank, und endigte auch daselbst den 22. Sept. sein Leben. b) Im Jahre 1785. ist bey dieser Kirche ein Lokalkapellan angestellet worden. 16) Lewin von 20 N. 17) Czernin von 21 N.

## Gut Tmein.

Im J. 1602. hielt selbes im Besitze Felix Wambersky von Rohatecz a) Jetzt gehöret dasselbe dem Reichsgrafen Friederich Des Fours zu Mont- und Adienville. Her gehören:

1) Tmein, Tman, Tmanj, ein wohlgebautes Schloß und Dorf von 46 N., nebst einer Pfarrkirche unter dem Tit. des hl. Georg M., welche in den Errichtungsbüchern schon auf das J. 1384. als Pfarrkirche vorkömmt b); liegt 4 M. von Prag westsüdwestwärts entfernt. Dieses Gut gehörte zu Anfang des siebenzehnten Jahrhunderts dem Hrn. Zdenko Trmal, der sich im J. 1620. die landes-

---

b) Franc. Prag. L. I. p. 21.
a) Archiv. Prascoleff.
b) LL. Erect.

desfürstl. Ungnade auf den Hals lud. Sein Gut fiel dieser Ursache wegen dem k. Fiskus anheim, und wurde im J. 1622. den 21. Dezember an den Hrn. Johann Wenzl käuflich überlassen c). Nicht ferne von diesem Orte raget ein Berg hervor, welcher größtentheils aus dem sogenannten Tug = oder Bimsstein besteht, auf dessen kahlen Fläche verschiedene Pferd = Kuh = Schaf = wie auch jung und alter Menschen Fußtritte ganz deutlich auszunehmen sind d).

2) Slawik von 5 N. 3) Launin von 18 N., gehörte vor alters dem Prager Domkapitel e). 4) Malkow Malkowy 29 N

## Gut Suchomast.

Im Jahr 1564. hielt selbes Karl von Oswarowa im Besitze a). Zu Anfang des vorigen Jahrhunderts hielt solches im Besitze Adam Bukowsky, dessen Güter nach der Schlacht am weißen Berge an den königl. Fiskus gezogen, und im Jahr 1622. an die Frau Dorothea Rzic̆zan, und dann an die Hrn. von Talmberg käuflich abgetreten b) worden sind. Vor wenigen Jahren hielt dieses Gut die Reichs=

c) MS.
d) Balbin. Misc. L. 1. c. 50.
e) Archiv. Prascoless.
a) Archiv. Prascoless.
b) MS.

Reichsgräfinn Maria Anna Kokorzowecz von Kokorzowa, gebohrne Gräfinn von Bubna im Besitze, jetzt aber gehöret selbes verschiedenen Gläubigern, die solches landtäflich jure crediti halten. Her gehören:

1) Suchomast, Suchomasti, von 62 N., ein Schloß und Dorf 4 Meil. von Prag zwischen Tmain und Wscherarig gelegen. —

2) Borek, Pfarrkirche unter dem Tit. des heil. Nikolaus B., die schon im Jahr 1384. mit einem eigenen Pfarrer versehen war c). Während der Belagerung bey Karlstein wagte Aleß von Sternberg einen Ausfall wider die Pohlen, erlegte einige derselben nahe bey dieser Kirche, und nahm den Johann Sessen, Stanislaus Poray, und Johann Koczowsky nebst zwölf andern gefangen d). Dieses Dorf zählet sammt 3) Bikosch 51 N.

4) Winarzicze, von 31 N., davon 15 nach Wsseradicz gehören.

## Allodialgut Litten.

Schon zu Anfang des vorigen Jahrhunderts gehörte dieses Gut dem Grafen Wratislaw von Mitrowitz, wurde aber im Jahr 1782. von Vinzenz Wratislaw Grafen von Mitrowitz, an den Hrn. Joseph von Brechler käuflich abgetreten. Her gehöret:

1)

---
c) LL. Erect.
d) Bartoss. a. Gelas. Mon. T. I.

1) Litten, Liten, Litnie, Lichen, ein wohlgebautes Schloß und Dorf von 66 N., zwischen Mnischek und Beraun 3 1/4 Meilen von Prag entfernt; ist mit einem Phasangarten, und gutem Walzenboden versehen. Die Kirche unter dem Tit. der heil. Ap. Peter und Paul kömmt in den Errichtungsbüchern schon auf das Jahr 1484. als Pfarrkirche vor. Sie wurde von hussitischen Zeiten an durch akatholische Seelsorger administriret, nach dem Siege am weißen Berge aber neuerdings mit einem katholischen Administrator besetzet.

2) Wlenecz, ein Dorf und Mayerhof von 10 N. davon 6 zum Lehenhof gehören. 3) Stuhrow, von 4 N. 4) Hattie, von 21 N. 5) Lecz, von 27 N. 6) Mnienian von 37 N., davon 5 nach Praskoles, 8 nach Beraun, und 6 nach Königshof gehören.

## Rzidka.

Gehöret dem Freyherrn Georg Gustav von Skronsky und Budczow, und zählt 36 N.

## Gut Dobrichowicz.

Gehöret dem ritterl. Kreuzorden mit rothem Sterne am Fuße der prager Brücke, als welches Eckhard des gleichgesagten Ordens Generalgroßmeister sammt allen Gerechtsamen im J. 1282. vom Abte des Benediktinerstiftes bey St. Johann in Oſtrow um 20 Mark Silbers erkauft hatte a). Der Ackerboden in dieſer Gegend iſt von einer mittelmäſſigen Gattung, doch wird hier auch Waitzen und Kraut mit beſtem Fortgang gebauet. Ehedem waren hier Silberbergwerke in Umtriebe, jetzt aber bricht nur eine Gattung von ſchwarzem Marmor, der oft mit goldenen Adern durchgewebt iſt b). Hieher ſind einverleibt:

1) Dobrzichowicz, ein zum Theil abgebranntes, und wieder hergeſtelltes Schloß und Dorf von 66 N. liegt mitten unter den Bergen zwiſchen Karlſtein und Königſaal an dem Fuße Beraun, und einem ungenannten Bache 2 1/2 Meile von Prag entfernt. Nach dem Berichte unſers Beczkowsky c) hatten die Kreuzherren dieſen Ort im Beſitze ſchon im J. 1253., und mußten hiervon einen jährlichen Zins von zwey Marken Silbers an das Benediktinerkloſter in Oſtrow entrichten, zur Tilgung ſolcher Zinſung aber wurde 1282. zwiſchen dem Großmeiſter, und dem obengemeldten Abte Otto ein Vergleich getroffen, kraft deſſen dem oberwähnten Kloſter eine Summe von 20 Mark Silbers auf einmal abgeführet worden iſt d).

Das Schloß iſt im Jahr 1779. abgebrennt, und von dieſer Zeit an unaufgebauet geblieben. Die Kir-

a) Archiv. Cruciger.
b) Balbin Miſc. L. I. c. 18. 20. und Ferber Mineralgeſchichte.
c) Chron.
d) Hammerſchmied. Pr. Gl. Pr.

Kirche unter dem Tit. des heil. Ap. Judas Thaddäus, welche 1384. reich an Einkünften, und mit einem eigenen Seelsorger versehen war e), ist 1679. von dem gesagten Ordens Generalgroßmeister Ignaz Pospichal von Grund auf ganz neu erbauet, und von dem jetzt lebenden Generalgroßmeister Anton Suchanek, der schon zu verschiedenenmalen die deutlichsten Proben seiner Rechtschaffenheit, und einer ausnehmenden Einsicht und Weisheit abgelegt hatte, im Jahr 1775. erweitert und herrlich verzieret worden.

2) Karlik, einer Kirche unter dem Tit. des heil. Martinus und Prokopius. Nicht ferne von dannen im tiefen Walde sind noch wenige Ueberbleibsel des berühmten Schloßes Karlik, welches nach Karlstein gehöret, und hierorts insgemein Hradek genannt wird, anzutreffen. Dieses Schloß wurde 1358. von K. Karl IV. aufgeführet, und zum nächtlichen Aufenthalte der Königinn sowohl, als ihres zahlreichen Frauengefolges bestimmt, indem keinem Frauenzimmer das Nachtlager zu Karlstein gestattet wurde, aus Ehrerbietung gegen die Heiligthümer, die man daselbst aufbewahret hatte ff).

3) Leth, Letti, von 28 N., davon ein Theil nach Königsaal und Karlstein gehöret.

4) Drzewnitz, Drzewnik, Rzewnicze, von 51 N., ein mehr als um 2/3 nach Königsaal gehöriges

e) LL. Erect.
ff) Balbin Misc. L. 3. c. 8. §. 2.

Achter Theil.

riges Dorf und Kirche unter dem Tit. des heil. Mauritius, und Patronatsrechte des Generalgroßmeisters, welche im Jahr 1253. errichtet, 1384. mit einem eigenen Seelsorger versehen, in hussitischen Unruhen desselben beraubt, und nach dem Siege am weißen Berge abermal mit einem katholischen Administrator aus gesagtem Orden besetzt worden ist g).

Im Jahr 1512. trat der Generalgroßmeister dieses Dorf an den Hrn. Stibor Braum von Chomutowicz um 100 böhm. Groschen ab h).

Im Jahr 1534. gehörte dieses Dorf dem Hrn. Heinrich Berka von Dube Oberstlandeshofmeister im Königreiche Böheim. Diesem erhabenen Patrioten haben wir die vaterländische Geschichte unsers Hagek von Liboczan zu verdanken, den er zur Verfassung dieses Werkes angefeuert, mit nöthigen Dokumenten versehen, und alle von bösartigen Leuten demselben gelegte Hindernisse aus dem Wege geräumet hatte i).

5) Sliwenecz, ein Dorf v. 39 N., und Kirch unter dem Tit. aller Heiligen, welche schon im J. 1257. dem Patronatsrechte dieses Ordens unterworfen k), und

1384.

---

g) LL. Erect. Hammerschmied. Pr. Gl. Pr.

h) Ritters von Bienenberg Geschichte des Militärkreuzordens.

i) Balbin Epit. & Hammerschmied Pr. Gl. Pr.

k) Peithner von Lichtenfels Versuch über die böhm. und mähr. Bergwerke. Hammerschmied Pr. Gl. Pr.

1384. mit einem eigenen Pfarrer besetzet war l). Im Jahr 1361. den 8. Decemb. kauften die Kreuzherren dem Joh. Peßlin die von Sltwenecz eine Viertel M. an dem Bache Wruzicz gelegene Mühle um 12 Schock prager Groschen ab m).

Nahe an dieser Mühle bricht aus einem Felsen ein braunrother Marmor, wovon Tische und verschiedenes anders schön polirtes Geräth um einen billigen Preis hier zu haben sind. Zur Erbauung der Kirche St. Franziskus an der prager Brücke hat man den sämmtlichen Marmor von hier geholet n). 6) Holin, von 19 N. Diese zwey Dörfer liegen im rakoniker Kreise, und gehören auch eigentlich dahin, sind aber dem gegenwärtigen Gut einverleibt.

## Gut Kozorž.

Ein Dorf und eine Kapelle unter dem Tit. der heil. Anna, gehöret dem Dechant am Wischehrad zu Prag. Hier bricht nach dem Zeugnisse des Herrn Johann Ferber a) ein schwarzer Marmor mit inliegenden weissen Versteinerungen von Meerschnecken, Belemniten, sogenannten Kakabumuscheln, und von dem Palmier marin des Hrn. Guettard. Dieses Gut ist

l) LL. Erect.
m) Beczkowsky Hist. Boem. apud Hammerschmied Pr. Gl. Pr.
n) Balbin in Additam.
a) Mineralgeschichte von Böhmen.

ist eigentlich dem Rakonitzer nicht aber dem Berauner Kreise einverleibt.

## Gut Wschenor und Czernolitz.

1) Wschenor, von 12 N. gehört dem Hrn. Philip Eyben, nebst dem Dorfe. 2) Czernolitz, von 24 N. welches zu Anfang dieses Jahrhunderts dem Wenzel von Golz, Herrn auf Roth = Hradek, Hammer und Wallech zugehöret hatte a).

## Kammeradministrationsherrschaft,

### Königsaal, Zbraslaw, Aula Regia.

Ein ehedem berühmtes Cisterzienserstift, und Marktflecken von 87 N. liegt an dem Eintritte des Flußes Braun in die Moldau 5/4 M. von Prag entfernt. Nach dem Berichte Peters Abt von Königsal a) hat ein Herzog aus Böhmen zu Ende des zwölften Jahrhunderts beschlossen, ein Schloß in dieser Gegend zu seinem Aufenthalte aufzuführen, bald darauf aber änderte er seine Gesinnungen, und schenkte diese ganze Strecke, welche man zu jenen Zeiten den Kamenser Bezirk nannte, den Benediktinern zu Kladrau. Diese nahmen solchen Anwachs ihrer Güter mit vielem Danke an, ordneten alsbald eine neue Kolonie von drey Geistlichen dahin ab, die den Ort zu einem förmlichen Kloster einrichten sollten.

Ehe

---

a) Hammerschm. Pr. Gl. Pr.
a). Chron. Auloreg.

Ehe sie noch aber zu Werke traten, äußerte Johann Bischof zu Prag ein grosses Verlangen nach diesem Orte, und traf endlich mit dem Abte einen Vergleich, kraft dessen er ihm andere zum Prager Bistum gehörige Dörfer für diesen Ort abgetreten hatte. Diese an Wäldern sowohl, als Wildpret sehr reiche Gegend gab dem König Ottokar II. den Anlaß, diesen Ort zu wiederholtenmalen zu besuchen, und sich daselbst mit der Jagd zu belustigen. Damit aber durch die öftere Gegenwart der zahlreichen königl. Hofstaat den bischöflichen Einkünften kein Nachtheil geschehen möchte, wies 1268 Ottokar andere viel einträglichere Güter dem Prager Bistum für Königsaal an, b) befahl hierorts ein festes Jagdschloß aufzuführen, und die herumliegenden Berge mit Weinreben, die er aus Oesterreich herholen ließ, anzubauen. Allein dessen Sohn König Wenzel der II. der sich seiner schwächlichen Gesundheit wegen mit Jagen nicht viel umgeben hatte, beschloß ein Cisterzienserkloster hier zu stiften. Zu diesem Ende ließ er das feste Jagdschloß einreißen, führte hier 1292 den 20 April zwölf Ordensbrüder aus dem Kloster Sedlecz unter dem Abte Konrad ein c), legte 1297 den dritten Tag nach der Vollziehung seiner feyerlichen Krönung, in Gegenwart des Albrechts von Sachsen, Albrechts von Oesterreich, des Markgrafen Otto von Brandenburg, nebst ei-

b) Urkunde ex Archivo des Prag. Domkapitels a Pubiczka.

c) Neplacho a Gelas. 'Mon. T. 4. & Balbin Misc. L. 4. Tit. 26.

einer großen Anzahl der beywohnenden Erzbischöfe, und Bischöfe, den ersten mit goldenen Buchstaben Jesus Christus bezeichneten Grundstein zu der Stiftskirche, unter dem Tit. der Mutter Gottes, und fertigte 1304 einen Stiftsbrief aus, kraft dessen er diesem Kloster nebst 400 Mark Silbers an jährlichen Einkünften, auch die Dörfer: beyde Kuchel, Komorzan, Radotin, Czerneczitz, Lipan, Lipenecz, Neudorf, Slap, Przestawlk, im Berauner Kreise; im Chrutimer Stradaun, und Džbanow, bey Poliß: Banims, die Stadt Wilhelmswerth, (Wildenschwert); dann Landskron, Gabel, Jasow, Eigenfuß, Stradow und Spanow, geschenkt hatte. d) Zugleich verehrte der König diesem Kloster ein goldenes mit Edelsteinen besetztes Kreuz von 1400 Marken Silbers, wie auch unzählige Heiligthümer, und verschiedenes von Gold und Silber verfertigtes Kirchengeräth. e) Führte auch in diesem Kloster, dem er von nun an den Namen Königsaal beygelegt hatte, eine Wohnung für sich auf, weil er gesinnet war, seiner schwächlichen Gesundheit wegen, die Regierung seinem Kronprinzen Wenzel, sobald er dazu fähig seyn würde, abzutreten, und den Rest seines Lebens hier zuzubringen, legte daselbst eine königliche Grabstätte an, in welcher dieser erhabene Stifter selbst 1305, dessen Tochter Judith im J. 1304. f), und Margareth im Jahr 1322.

d) Sommersberg Script. Rer. Sil. & Urkunde Balbin. Misc. L. 6.

e) Franc. Prag. Chron. C. 7. Adauct. Voigt Münzk. T. 2. & Publicsta T. 5.

f) Lupac. 3 Aug. Neplacho a. Gelas. Mon. T. 4. p. 117.

Berauner Kreis. 71

g) Elisabeth des Königs Johann Gemahlinn und Karls IV. Mutter im J. 1330, h) der Sohn Wenzel III. im J. 1306. i) wie auch 1320 Przemisl des Königs Johann Sohn, k) 1324 Elisabeth l), und 1341 Margareth Herzogs aus Bayern Wittwe, beyde des obbenannten Königs Johann Töchter; m). dann 1386. den 31 Dezember Johanna König Wenzels IV. Gemahlinn beygelegt wurden n). Dieses Kloster soll nach dem Zeugniße des Aen. Sylvius o.) eins der prächtigsten gewesen seyn; er berichtet unter andern, daß auf der Wand des Klosterganges etliche ungefähr eine Klafter lange und eben so viel breite steinerne Tafeln waren, darauf man das alte und neue Testament bis zur Offenbarung Johannis mit grossen Buchstaben, die allmählig in einem kleinern Format herabliefen mit vielem Vergnügen abgeschildert gesehen habe.

Der noch jetzt lebende gelehrte H. Prälat des ehemaligen Stiftes in Saar, Otto v. Steinbach zeuget in seiner diplomatisch. Sammlung einen Uiberrest von diesem kostbaren Monumente, noch vor 15 Jah. gesehen zu haben.

g) Pulkava, Franc. Metrop.
h) Pulkava & Franc. Prag.
i) Neplacho a Gel. Mon. T. 4. Beneff. Metrop. Pulkava ibid.
k) Franc. Prag. L. 2. p. 128. Beneff. Metrop. L. 2. p. 243.
l) a Franc. Ibidem p. 144.
m) Ibidem L. 3. p. 193.
n) Lup. Inscript. in pergula Eccles. Metropol.
o) Aen. Sylvius. C. 36.

ben. Zu der von K. Wenzel prächtig aufgeführten Kirche bauete die Königinn p) Elisabeth noch sieben Kapellen, welche an der Größe manchen Kirchen nichts nachgaben. Im J. 1358 den 26 May wurde mit Genehmhaltung des Pabstes, und Bestätigung K. Karls IV. ein Vertrag zwischen Johann dem III. Abte zu Königsaal, und Johann dem II. von Neumarkt Bischofe zu Leutomischel getroffen, laut dessen dieser Bischof die an das Leutomischler Bistum gehörige Güter Zwol und Kauschow, nebst einer jährlichen Zinsung von 100 Schock Denar., die er auf seinen Gütern Ossek und Augezd versicherte, dem Abte zu Königsaal für Landskron, Wildenschwert, Böhm. Tribau und Gabel samt allen hierzu gehörigen Besitzungen, Gerechtsamen und Ansprüchen, abgetreten hatte. q) Im J. 1400 hat Pabst Bonifaz IX. die nahe an Königsaal erbaute Kirche unter dem Titel des h. Gallus Abt, die schon 1384 mit eigenem Pfarrer versehen war, diesem Kloster untergeordnet r).

Solchergestalt nahmen die Einkünste dieses Klosters sowohl, als die Zahl der Geistlichen zu, deren hier zur Zeit Kaiser Karls IV. 300 an der Zahl waren. Nicht lange darauf, da der Hussitenkrieg das ganze Land beunruhigte, mußte auch dieses herrliche Kloster dem gemeinen traurigen Schiksale, so damal hauptsächlich die Klöster traf, unterliegen. Denn 1420 den 10 August überfiel Zoranda mit ei-

p) Steinbach diplom. Sammlung.
q) Urf. a. Balbin. Misc. L. 6. p. 75.
r) LL. Erect. Vol. 6. X. 5.

einer starken Rotte von Taboriten dieses Kloster, plünderte alles rein aus, und steckte dasselbe in Flammen s).

Nachdem kehrten die Geistlichen wieder zurück, bauten nur einige kleine Wohnungen auf den Trümmern dieses zerstörten Klosters, und die folgenden Aebte trachteten ihrem so hart gekränkten Stifte abermal aufzuhelfen, worinn der Abt Anton Flemming gegen das 1570 J. sich besonders ausgezeichnet hatte, mußten aber zur Zeit der von Akatholischen in ganz Böhmen erregten Unruhen neuerdings das Kloster verlassen. Alle dem Kloster zugehörigen Güter wurden 1618 ein Raub der Akatholiken, und letzlich 1639 mußte ganz Königsaal durch die Anführung des Schwedischen Befehlshabers Pannier ein Opfer der Flammen werden. In diesem wüsten Stande würde dieses Kloster bis zu unseren Zeiten geblieben seyn, wenn dasselbe nicht durch die Freygebigkeit der Oesterreichischen Kaiser dem Untergange entrissen, und durch ein fleißiges Besorgen der nachfolgenden Aebte aus dem Schutte hervorgebracht, und in den Stand der vormaligen Pracht einigermassen wieder hergestellet worden wäre. Gleich nach dem herrlichen Siege am weißen Berge ließ K. Ferdinand II. die entrissenen Güter diesem Kloster wieder zurückstellen, und erhob den Abt Johann Greifenfeld von Pilsenburg sammt seinen Nachfolgern, deren vom Anbeginn dieses Stifts bis auf den 1784 verstorbenen Prälaten 35 gezählet werden

---

s) Beneff. a. Gleaf. Mon. T. 4. p. 69. Balbin Misc. L. 2. p. 133. L. 4. p. 177.

ben, zu einem Landesstande. Hierauf ließ 1640 der Abt Jakob Martiny von Brabek die St. Jakobskapelle erweitern, und in diese Gestalt, die sie noch heut zu Tage behält, umschaffen, welche 1660 der Abt Desider Duchoslaw mit kostbarem Kirchengeräthe, und einer zahlreichen Sammlung von Skretischen sowohl als Brandlischen Gemälden versehen hatte. Unter diesem Bilderschatz verdient hauptsächlich die Aufmerksamkeit der Kenner ein prächtiges auf Holz im Oele gemaltes Marienbild mit folgender Aufschrift:

Dum Wenceslaus regalem conderet Aulam.
Hanc posuit divæ Virginis effigiem.

Dieses Bild kömmt jenen alten Gemälden zu Karlstein in der Art und Pensel sehr viel gleich, und soll von dem ersten Stifter aus der k. Schatzkamer diesem Kloster verehret worden seyn. Der Abt Theodor von Schönfeld bauete gegen das Jahr 1740 den prächtigen Saal in der Abtey ob dem Wasser t).

Unter den Aebten dieses Klosters machten sich besonders durch ihre Gelehrsamkeit bekannt: Peter v. Zittau, ein Verfasser des berühmten Chronici Auloregensis. Gallus, der das ascetische Buch Malogranatum, und Johann Hellmann, der das Florilegium S. Bernardi hinterlassen hat.

Im J. 1785. sind die Cisterzienserstifte zu Plaß und Königsaal, deren jenes 61 dieses aber 39 Ordensmitglieder unterhielt, laut eines Hofdekrets aufgehoben, und ihre Güter zu dem allgemeinen Religionsfond zugezogen worden.

In

---

t) v. Steinbach l. c. p. 161.

## Berauner Kreis.

In eben dem jetztverflossenen Jahre 1787 nahm sich der Hrn. v. Sauvaigue vor in diesem für itzt leer stehenden Kloster seine Zuckerraffinerie unter dem Namen der k. k. privil. böhmischen Gesellschaft zu errichten, zu deren Gründung ein Kapital von 150000 fl. erforderlich befunden wurde, welches in 300 Aktien, jede Aktie aber in 500 fl. bestehet. Im Monate Sept. nämlichen Jahrs, ist hier der erste Sud auf 300 Hüte Zucker vor sich gegangen, und man hoffet, daß ein so vortheilhaftes Unternehmen den glücklichen Fortgang erreichen werde.

Zu dieser nunmehr Kammeradministrazionsherrschaft gehören nebst dem oben gemeldten Marktflecken noch folgende Dörfer 2): Komorzany Komorjanky ein kleines Schloß und Mayerhof mit einem im vorigen Jahrhunderte berühmten Sauerbrunne a), liegt dem Dorfe Lahowitz entgegen jenseits der Moldau, 1 Meile von Prag entfernt. Johann Felix Sturm, ehemaliger Besitzer davon, wurde 1622 seiner Empörung halber dieses Gutes verlustig, welches Abt Georg Urat käuflich an das Kloster gebracht hat b), im J. 1742 den 2ten Juli wurde hier zwischen dem Grafen von Königsegg und dem Fürsten Esterhazy von kaiserlicher Seite, und zwischen dem Feldmarschall Bellile und Grafen v. Bayern von Seite des Königs aus Frankreich ein Friedenstraktat vorgeschlagen, der aber ohne Wirkung ablief, weil der König aus England einen freyen Auszug aus Böhmen den Franzosen nicht gestatten wollte c);

a) Balbin. Misc. L. 1. C. 25. p. 65.
b) MS.

te c) d) ; 3) Schabatka, 4) Nauzow, 5) Wystoczilka, ein Schenkhaus samt 6) Klein Kuchel v. 8. N, ein Dorf nebst einem Gesundbade und Kirche unter dem Tit. Marien Geburt, welche schon 1384 ihren eigenen Seelsorger hatte e). Dieser Ort diente den ehemaligen prager Bischöfen zu einem angenehmen Aufenthalte. Im J. 1132 ten 14 Jen. wurde hier der Bischof Maynhard in eine grosse Lebensgefahr folgendergestalt versetzet: da dieser Bischof Abends zu Bette gehen wollte, machte sich ein grosser Stein von dem nächststehenden Felsen los, der mit vielem Getöse herabstürzend eine doppelte Mauer in dem Schlosse durchgeschlagen, und das Bett des Bischofs zerschmettert hatte. Der Bischof und sein Gefolge retteten noch bey Zeiten durch die Flucht ihr Leben. f). Der berühmte Arzt, und ehemaliger Rektor an der hohen Schule zu Prag, Herr Anton Skrynzi äusserte in einer gelehrten Abhandlung seine Meinung über die Bestandtheile,

c) Pelzels Geschichte von Böhmen.
d) Diesen Ort Komorzany fand ich nebst vielen andern nur auf der Wussinischen Karte allein, und eben darum sagte ich billig im 1 Th. meiner Topographie S. 85, daß ich auf dieser Karte unzählige Oerter gefunden, die ich auf der grossen Müllerischen Karte vergeblich gesucht habe, wie solches ein jeder ganz leicht einsehen kann, der diese beyden Charten nicht oberflächlich, sondern genau gegeneinander hält.
e) LL. Erect.
f) C. Cosmæ.

theile, Würkung und den Gebrauch dieses Gesund-
bades, welches von den Benachbarten fleißig besuchet
wird g).

7) Groß Buchel v. 22 N. samt der Ein-
siedlerey ob dem Berge St. Johann v. Nep. 8) Lahowitz v. 33 N. 9) Radotin v. 27 N. samt der
Mühle 10) Haader, ein Dorf und Kirche, unter
dem Tit. der heil. Ap. Peter und Paul, die in den
Errichtungsbüchern auf das 1384 J. als Pfarrkirche
vorkömmt.

11) Trzeborau, Trzebotow v. 44 N., ein
Dorf und Pfarrkirche unter dem Tit. des heil. Martin,
die schon 1408 errichtet war, h). und heut mit einem
Administrator besetzt ist, liegt 1 1/2 Meile von Prag
und 3/4 M. von Königsaal westwärts entfernt.

12) Ober Czernositz, ein Dorf mit einer Marienkirche, zählet samt 13) Unter Czernositz 11 N.
14) Ober Roblin samt 15) Unter Roblin, v. 11 N.
davon 9 zum Gut Hochaugezd gehören. 16) Solopisk v.
3 N. 17) Wonoklas v. 24 N. gehört zum Theil auch
nach Dobrzichowitz, und dem Freysasse Jakob Mey-
er. Im J. 1590. überfiel ein häufiges Raub-
gesind dieses Dorf, und plünderte dasselbe aus i).

18) Klein Bucharz oder Bucharzik von 2 N.
ein Meyerhof. 19) Slanka. 20) Wraz, eine
Schäferey. 21) Ober oder groß Mokropecz von

g) Gelas. Hist.
h) LL. Erect. Vol. 8. D. 10.
i) Balbin. Misc. L. 3. c. 7 §. 3. p. 73.

30 N. ein Dorf und Kirche unter dem Tit. des heil. Wenzel, die schon 1384. mit einem eigenen Pfarrer versehen war k). Zu Anfang des vorigen Jahrhunderts gehörte dieß Gut dem Hrn. Albrecht Brukner, welches aber 1622. dem K. Fiskus anheim fiel l). 22) Unter oder klein Mokropecz von 28 N 23) Gilowischt, Gilowisstie von 26 N. 24) Lischnitz, Lesnicze von 42 N. samt der Mühle 25) Dworschuske, ein Dorf 3 Meilen von Prag südwärts entlegen, und Pfarrkirche unter dem Tit. Allerheiligen, die schon 1384. mit einem eigenen Seelsorger besetzet war m).

26) Blinecz v. 32 N. 27) Wir, ein Wirtshaus. 28) Wrane von 20 N. nebst einer Kirche unter dem Tit. des heil. Georg 29) Strnad samt (30 Zabiehlitz von 37 N. 31) Lipenecz von 30 N. 32) Zawobrzesk von 15 N. 33) Lipan von 27 N.

34) Pelunek ist samt 35) Buda nach Zabowrzeff beygerechnet. 36) Skochowitz von 18 N. 37) Toczna von 21 N. 38) Modrzany von 42 N. ein Dorf jenseits der Moldau, und Kirche unter dem Tit. Marienhimmelfahrt, die zwar 1384. mit einem Pfarrer besetzet war n), jetzt aber als Filial von dem Königsaler Pfarrer administriret wird o).

k) LL. Erect.
l) MS.
m) LL. Erect.
n) LL. Erect. Vol. 8. - A. 8.
o) Acta Boem. Pelzl.

Im J. 1757. den 3. May bemächtigten sich die Preußen der von Oesterreichern hier über die Moldau geschlagenen Brücke, und nahmen 16 Pontons weg. 39) Banie von 6 N.

## Gut Trnowa.

Trnowa, Trnowany, von 11 N. ein Dorf 2 3/4 Meil von Prag sudwärts an dem linken Ufer der Moldau gelegen, nebst einer Pfarrkirche, die schon im J. 1384. ihren eigenen Seelsorger hatte a). Im J. 1280. schenkte Hr. Udalrich von Waldeck dieses Dorf dem Augustinerkloster bey St. Benigna, welches die gemeldten Geistlichen für das Dorf Praskoleß und Sedlecz verwechselt haben b). Zu Anfang des funfzehnten Jahrhunderts gehörte dieses Dorf der St. Aegidiuskirche in der Altstadt Prag c), und dann 1614 dem Hrn. Wenzel Wilhelm von Kampowa Herrn auf Trnow und Zitienitz d). Der jetzige Besitzer hiervon ist Christian Jos. Reichsritter von Gsäßer.

Kam=

a) LL. Erect.
b) Ex libris Benef. monast. S. Benignae. Paproc. de stat. Dom.
c) Hammerschmied Pr. Gl. Pr.
d) Prag. Landtag von 1614. und 1615.

## Kammeradministrazionsgut Dawle.

Gehörte ehedem dem Benediktinerstifte bey St. Johann unter dem Felsen, jetzt aber dem Religionsfond im Königreiche Böhmen. Demselben sind einverleibt:

1) Dawel, Dawle, ein Marktflecken von 51 N. Am linken Ufer der Moldau 3 Meilen von Prag entlegen.

2) Insel Ostrow, Ostrowecz. Ein ehedem namhaftes jetzt aber gänzlich zerstörtes Benediktinerkloster auf einer Insel des Flußes Moldau nahe bey der Stadt Dawle. Die gleiche Benennung des gleichgesagten, welches nur auf der Woussinischen Karte angemerket ist, und des unter gleicher Benennung nahe bey der Stadt Beraun erbauten Benediktinerklosters hat viele dahin verleitet, daß sie alle Dokumenten, die sonst nur das Kloster bey Dawle betrafen, diesem bey Beraun ohne Unterschied zugeeignet haben. Wir wollen demnach trachten, die Sache so auseinader zu setzen, damit der Leser die eigentliche Stiftungszeit dieser beyden Klöster einsehen könne.

Im Jahr 999. nahm sich Herzog Bolesław der Fromme vor, auf dieser vom Weltgetümmel ganz abgesönderten Insel ein Benediktinerkloster zu stiften, und demselben einen von Altaich herberufenen Benediktinermönchen mit Namen Lambert als Abten vorzustellen, bestimmte auch zu dieser Stiftung die Dörfer: Wodochod, Blazim, Sazawa, Miechnitz, Drazowitz, Strzeban, und Labowitz. Allein unser Boleslaw wurde durch den noch im nämlichen Jahre erfolgten Tod in seinem Vorhaben gehindert, dessen Bewerkstelligung er kurz vor seinem Hintritte seinem Sohne Boleslaw III. bestermassen anempfohlen hat. Dieser nahm die Erinnerungen seines Vaters für Befehle an, brachte die von seinem Vater angeordnete Stiftung im Jahr 1000. zu Stande, und führte in kurzer Zeit ein geraumes Kloster und Kirche unter dem Tit. des heil. Johann Taufers auf. Nicht minder freygebig bezeigten sich die nachfolgenden Herzoge, Udalrich, Brzetislaw I., Spitignew II, Wratislaw II., Swatopluk, und Konrad, nebst vielen andern vornehmen Herren, die einen namhaften Theil ihrer Güter dieser neu angelegten Stiftung beygeleget haben, welches sämmtlich im Jahr 1205. Kön. Ottokar I. durch einen Majestätsbrief bekräftiget, und auf ewige Zeiten für gültig erkläret hat a). Nachdem nun diese Stiftung mit so vielen zeitlichen Mitteln versehen war, und noch dazu im Jahr 1335. das Dorf Luben von dem Frauenkloster bey St. Johannes auf dem Augezd zu Prag mit Genehmhaltung Karls IV. käuflich an sich gebracht hatte b), bemüheten sich die neuangehenden Geistlichen nicht nur ihren eigenen Lebenswandel nach

a) Neplacho a. Gel. Mon. T. 4 Diplom. & Bonav. Pitter in Thes. Abscond. p. 151.
b) Vita Caroli IV.

nach den strengsten Maaßregeln der Ascetik einzurichten, sondern auch ihre Landesleute zu wahrer Buß, ungeheuchelter Frömmigkeit, und Anbetung ihres Schöpfers anzuleiten; zu diesem Ende errichteten sie eine Probstey bey der St. Johanneskapelle, die von dem Herzog Borziwoy an dem Ort der ehemaligen Einöde des heil. Iwan angelegt, und vom Herzog Brzetislaw ihnen geschenket worden ist c).

Solchergestalt nahm das unter dem Namen St. Iwan bekannte Benediktinerkloster seinen ersten Anfang, welches von dem jetzt beschriebenen Ostrower Kloster stets abhang, bis dasselbe endlich im Jahr 1424. die Wuth der Hussiten zerstöret, und in einen Steinhaufen verwandelt hatte d).

Im Jahr 1464. wurden die Güter dieses verwüsteten Klosters: Chraschiz, Bikosch, Krziepel, und das Gut Lhota, welches dem Kloster in Emaus zugehörte, auf Befehl des Königs Podiebrad den Wratislawischen Erben zugeschrieben e).

3) St. Kilian, von 8 N., mit einer Pfarrkirche unter dem Tit. des heil. Kilian, und Patronatsrechte des obbemeldten Stiftes.

4) Slaup, von 15 N. 5) Hwoznitz, Woznitz, von 33 N. 6) Bojanowitz, von 29 N. 7) Masseczin, Woseczin, von 21 N.

**Gut**

c) Gelas. Hist. T. 5. p. 116.
d) Bartoss. a. Gelas. Mon. T. 1. P. 148.
e) MS.

## Gut Hradisko.

Gehöret dem Prämonstratenserstifte am Strahof zu Prag. Dieser sind einverleibt:

1) Hradisko, Hradisстie, von 15 N. Ein Schloß und Dorf 3 1/4 Meil. von Prag an dem Eintritte der Sazawa in die Moldau gelegen. Dieses Gut wurde vom König Johann an die Anna, eine Tochter des Hrn. Nikolaus Rabosте um 50 Schock prag. Gr. verpfändet, endlich aber im Jahr 1356. von K. Karl IV. an die Mansionären zu Prag mit allen dazu gehörigen Besitzungen geschenkt. Nach der Schlacht am weißen Berge ist dieses Gut an den königl. Fiskus gezogen, und im Jahr 1642. an den Krispinus Fux Abt am Strahof, und prager Weihbischof käuflich abgetreten worden.

2) Miechnitz, Mniechenitz, von 10 N. 3) Pikowitz von 13 N. 4) Brunschau von 12 N. 5) Stiechowitz, Ostiechowicze, Zdchowicze, ein Marktflecken von 69 N. davon 20 nach Slap, 9 nach Dawle, und 1 nach Leschan gehöret; liegt 3 Meilen von Prag entfernt am linken Ufer der Moldau, und an dem Bache Koczaba, der seinen Ursprung auf der Dobrzischer Herrschaft unter dem Dorfe Dubno nimmt, und seinen Lauf zwischen Alt = und Neu Knin gegen Stechowitz richtet, wo er sich mit der Moldau vereinbaret. An diesem Bache sind viele Mahl = und = Brettmühlen angebracht. Hier soll das erste Eisenwerk in diesem Kreise aufgekommen seyn. Nahe an diesem

Ort war im vorigen Jahrhunderte ein berühmter Sauerbrunn a). 6) Trebnitz, Strzebnicze, von 6 N. An diesem Dorfe ist im vorigen Jahrhunderte die Moldau schiffbar gemacht, und zu dessen Andenken daselbst eine steinerne Ehrensäule mit dem kaiserl. Adler, und folgender Aufschrift errichtet worden: D. O. M. memoriæ Potentissimi Imperat. Ferdinandi III., cujus auspicio & impensis Wuldava facta est navigabilis A. 1643. Auf der andern Seite liest man folgendes: Opera Fratris Crispini a Hradischtie, Abbatis Strahoviensis, Siloensis, Milovicensis, Visitatoris.

### Majoratsherrschaft Mischek.

Gehörte gegen die Mitte des sechzehnten Jahrhunderts den Grafen Wrasislaw von Mitrowitz b), dann verfiel selbe an die Freyherrn von Engelsluß c). Der jetzige Besitzer ist Johann Wenzel Graf von Unwerth, Sr. k. k. apost. Majestät wirkl. Kämmerer, der sie nach seinem Vater ererbet hat. Zu dieser Herrschaft gehören:

1) Mischek, Mnissek, Monachus, ein schönes Schloß und ein von den ehemaligen Goldbergwerken berühmter Marktflecken von 130 N., 3 Meil. von Prag entlegen, mit einer Kirche unter dem Tit. des heil.

---

a) Balbin. Misc. L. 1. C. 25. p. 65.
b) Prager Landtag von 1571. und 1614. J.
c) Hammerschmied. Pr. Gl. Pr. p. 752. & 71.

heil. Wenzel, die 1384 mit einem eigenen Seelsorger versehen war c). Im J. 1502. fertigte Kön. Wladislaw II. einen Machtbrief aus, kraft dessen Mnischek aus der Lehnschaft entlassen, und dessen Besitzer Wratislawen von Mitrowitz das Wildjagen in Dobrjischer Wäldern erlaubt wurde d).

Im Jahr 1639. wurde dieser ganze Ort von Schweden in Brand gelegt, die meisten Häuser blieben lange unbewohnt, das Schloß aber ist nach Balbins Zeugniß zu seinen Zeiten wieder hergestellet worden e).

2) Weselka, von 6 N. 3) Lhotka, Lhota, von 15 N. 4) Klitin, von 57 N., ein Dorf mit einer Marienkirche. 5) Groß Chrastitz, Hraschtics, von 17 N., ein Dorf mit einer Kirche unter dem Tit. des heil. Siegmund.

6) Bagow, Bogow, v. 13 N. 7) Skalka, ist nach Weselka beygerechnet, mit einem ehemaligen Franziskanerhospitium, welches Benedikta Gräfinn Czegka gebohrne Gräfinn von Binau 1763. für 3 Geistliche gestiftet hatte. Im Jahr 1785 sind selbe, laut eines Hofdekrets, aufgehoben worden.

8) Czisowitz, Czizowicze, v. 68 N. 9) Brátrzinow, von 24 N.

Kam=

---

c) LL. Erect.
d) Urkunde. a Gelas. MS.
e) Balbin Misc. L. 3. c. 8. §. 1.

## Kammeradministrationsgut Slap.

Gehörte ehedem dem Cistercienserstifte zu Königsaal, wurde aber bey der Aufhebung desselben an den Religionsfond gezogen sammt folgenden hierzu einverleibten Dörfern:

1) Slap, Slapy, Slapich, ein Schloß und Dorf von 39 N., 3 1/2 Meile von Prag südwärts gelegen, und eine Kirche unter dem Tit. der heil. Apostel Peter und Paul, und Patronatsrechte des Religionsfends, welche im Jahr 1384. mit einem eigenen Pfarrer, und im Jahr 1393. mit einem von der Wittwe Dobrka von Zorkin fundirten Kaplan versehen worden ist a).

2) Zahorzy, von 2 N. 3) Lahoz, von 6 N. 4) Fausek, von 2 N. 5) Rabinie, von 2 N.

6) Ždian, Ždanie, von 3 N., allwo die so genannte königl. Ueberfuhr anzutreffen ist. 7) Przestawlk, von 25 N. 8) Busche, von 32 N.

9) Hniewczin samt zweyen na Knibach genannten einschichtigen Häuseln, von 7 N. 10) Lipy von 5 N. 11) Chorilsto, von 18 N. 12) Zorkin, oder Zorkynie, von 7 N., ein Meyerhof und Schloß mit einer Kapelle unter dem Namen der heiligen Dreyeinigkeit. 13) Krzizow, von 18 N., mit einem Meyerhofe. 14) Kramy, von 24 N., soll nach Hagets Zeugniß ehemal Goldbergwerke gehabt haben b).

Im

---

a) LL. Erect. Vol. 4. L. 4.
b) Ad A. 870. a Gelaf. Hift. T. 3. p. 18.

Im Jahr 1432. überfielen Friedrich von Kollowrat, und deſſen Bruder Hanuß die Dörfer Kramy, Nowydwur, und Leczicz, plünderten dieſelben rein aus, trieben das ſämmtliche Vieh von dannen weg, erſchlugen einige der Einwohner, und 30 derſelben führten ſie mit ſich gefangen fort c).

15) Pankow, ein Schafſtall. 16) Jägerhaus, von 2 N. 17) Neuhof, Nowydwory, von 15 N. 18) Klein Leczicz, ſammt einem Jägerhauſe, und den 19) Na Koczabach genannten Chaluppen von 19 N. 20) Kaſchow, ein Hegerhaus. Das

## Lehngut Czim

von der Herrſchaft Karlſtein zählet 35 N., davon auch ein Theil von 8 N. nach Slap gehöret. Daſſelbe hält dermal im Beſitze der Ritter Johann Anton Gotz von Dobrſch ſammt dem Dorfe 2) Krzeniczna, von 9 N., welches ehedem dem Benediktinerſtifte bey St. Johann unter dem Felſen zugehöret hatte.

## Allodialherrſchaft Wſcheradiz.

Gehörte ehedem den Grafen Wratiſlaw, dann gelangte ſelbe an Karl Siegmunden Tuniechodſky, der im Jahr 1731. den 7. May mit Tode abgieng, bald darauf an die Freyinn Renata Karlsvon

c) Bartoſſ. a Gelaſ. Mon. T. 1. p. 173.

von Bieschin, und abermal an den Grafen Johann Joseph Wratislaw von Mitrowitz a), wie solches mehrere Grabsteine in der hiesigen Pfarrkirche bezeugen. Nach der Zeit verfiel diese Herrschaft in Krida und wurde 1781. den 22. März von Wratislawischen Erben an den jetzigen Besitzer Johann Adolphen Reichsgrafen von Kaunitz käuflich abgetreten b).

Der Ackerboden ist hier theils sehr schlecht, theils mittelmäßig, theils auch der ersten Klasse beyzurechnen. Hierher gehören:

1) Wscheradiz, Wsceradicze, ein Schloß und Dorf mit einem Meyerhofe von 79 N., liegt 4 M. von Prag zwischen Lochowitz und Liten, und ist mit einem Lust- und Pfasangarten versehen. Die Pfarrkirche unter dem Tit. des heil. Ap. Bartholomäus, die schon auf das Jahr 1384. in den Errichtungsbüchern vorkömmt, wurde 1640. auf Anordnung der Katharine Krifelde Gräfinn von Wratislaw, gebohrner Gräfinn Lazansky erneuert.

Im Jahr 1765. that ein gleiches Franz Wenzl Graf Wratislaw, der hier auch ein Armenhaus gestiftet hat, darinn drey Nothdürftige mit Speis, Trank, und Wohnung versehen werden.

2) Winarzicz, von 31 N., davon 18 nach Suchomast gehören. 3) Neswaczil, von 34 N.

4)

---

a) Hammerſchmied Pr. Gl. Pr. p. 581.
b) Prag. Landtafel im zweyten löwenfarben Quatern im J. 1661. den 15. Dec. sub L. G. 12. und im zweyten zimmetfarben Quatern 1733. den 7. Sept. sub L. G. 4.

4) Drahlowitz, Drachlowicze, v. 11 N. Hier ist ein karlsteiner Lehnhof, der 1681. den 1. Jun. von dem Hrn. Witek von Salzberg an den jetzigen Besitzer käuflich abgetreten worden ist.

5) Sucho, eine Mühle (sammt 6) Podbrd, v. 20 N. Nahe daran ist ein verfallenes Schloß, welches insgemein unter dem Namen des Podbroder Schloßes bekannt ist. 7) Trnowa, ein Meyerhof.

## Herrschaft Woßow.

Fast das ganze sechszehnte Jahrhundert hindurch hielten die Ritter Wratislaw v. Mitrowitz diese Herrschaft im Besitze a). Zu Anfang des vorigen Jahrhunderts gehörte selbe dem Hrn. Udalrich Gersdorf v. Gersdorf, welcher 1622. seiner Empörung halber dieses Gut an die Frau Salomona Gersdorf käuflich abtreten mußte b). Elisabeth Salomenen Tochter, verwittwete von Wratislaw, trat selbe an Ferdinanden Grafen von Kaunitz käuflich ab c). Ferdinand überließ selbe abermal käuflich im J. 1687. den 25. April an seinen Bruder Wilhelm Kaunitz, von dem sie endlich an dessen Sohn Johann Adolph, und dann an Wilhelms Enkel, den jetzigen Besitzer Johann Adolphen Reichsgrafen von Kaunitz im Jahr 1771. den 30. Jun. erblich gekommen war. Dieser Herrschaft sind einverleibt: 1)

a) Prag. Landt. v. 1537. 69. u. 71. J.
b) MS. und Prag. Landtag von 1615. Jahr.
c) Prag. Landtafel im vierten grünenpressenfarben Quatern im J. 1678. 2. März sub Lit. H, 26.

1) Groß Woßow, ein Schloß und Dorf von 37 N. 4 1/2 Meile von Prag unter Wscheraditz gelegen, mit einer prächtigen Pfarrkirche unter dem Tit. des heil. Johann Taufers, und einem ganz neu erbauten Schlosse.

2) Klein Woßow, Wosuwek, von 24 N.

3) Krzipel, Skrziple, Skrzipiel, von 22 N., ein Dorf mit einer Allee, die bis nach dem Schloß Woßow führet, und einer Kirche unter dem Tit. des heil. Johann von Nep.; sie mag ehedem einem andern Heiligen gewidmet gewesen seyn, weil selbe schon auf das 1384. Jahr als Pfarrkirche in den Errichtungsbüchern vorkömmt d).

Zu Anfang des funfzehnten Jahrhunderts gehörte dieses Dorf dem Przjecho Hrezicz von Skrzipiel, der sich mit Margarethen von Drahonitz, einer Schwester unsers berühmten Geschichtschreibers Bartoß von Drahonitz vermählet hatte e).

Im Jahr 1615. hatte Udalrich Gersdorf v. Gersdorf dieses Gut im Besitze f), und im Jahr 1571. Johann Wratislaw Ritter v. Mitrowitz g), der nach seinem Tode in der hiesigen Kirche beygelegt wurde.

4) Radausch, von 45 N., 5) Neumetel, von 76 N., ein Dorf unter dem Ußiner oder Hausina

---

d) LL. Erect. Vol. 8. N. 6. Vol. 10. D. 4.
e) Gelaß. Mon. T. 1. p. 137.
f) Prag. Landtag n. J.
g) Prag. Landtag n. J.

sina Gebirg, mit einer im J. 1765. den 14. May neuerdings erklärten Pfarrkirche, unter dem Tit. der heil. Ap. Peter und Paul, die schon 1384. mit einem eigenen Seelsorger versehen war h). Nahe daran liegt das verfallene Schloß Hausina, ehemaliger Sitz, des Horimir. Zu dessen Zeiten rieß eine allgemeine Hungersnoth in ganz Böhmen ein, weil sich die meisten auf das Bergwerk verlegt, und den Ackerbau verwahrloset haben. Horimir rieth also dem Herzog Krzesomißl ein, denselben durch einen öffentlichen Befehl wieder in Aufnahme zu bringen i). Das Dorf Radausch brachte sammt der Libomischler Mühle von dem prager Domkapitel Wilhelm, Neumetel aber dessen Sohn Johann Adolph Reichsgraf von Kaunitz im Jahr 1752. den 19. Jul. vom Graf. Vincenz Wratislaw Hrn. auf Lochowitz käuflich an die Herrschaft Wossow k).

6) Lazowitz, von 23 N. 7) Neuhof, mit einem Meyerhofe von 16 N. 8) Wizim, Wissin, von 19 N. 9) Groß Chlumecz, von 24 N., davon 1 nach Dobrjisch gehöret. 10) Klein Chlumecz, von 16 N.

11) Biechzin, von 34 N., davon 5 der Stadt Hostomitz zugehören. 12) Isstien, von 14 N., dieses Dorf gelangte sammt Chlumecz im Jahr 1670. von den Brüdern Maximilian und Heinrich Franz

von

---

h) LL. Erect.
i) Hagek ad A. 846. a Gelaf. Hift.
k) Prag. Landtafel im fünften pomeranzenfarben Quatern 1709. den 11. April. sub Lit. H.

von Mannsfeld an Kaspar Maxim. Bechinie von Lazan, und von dem 1671. Jahr an Niklassen Gersdorf käuflich l).

## Gut Drahlowitz.

Zählet 12 N., welches der jetzige Besitzer Johann Adolph Reichsgraf v. Kaunitz, von dem Hrn. von Hostina im Jahr 1781. käuflich übernommen hatte.

## Allodialherrschaft Lochowitz.

Gehörte zu Anfang des funfzehnten Jahrhunderts dem Borziwoy von Lochowitz, dessen Geschlechtswappen einen Ochsenkopf vorgestellet hat a). Im siebenzehnten Jahrhundert fiel selbe dem Christoph Wratislaw v. Mitrowitz zu, der im J. 1640. vom Kaiser Ferdinand II. in Freyherrnstand erhoben wurde b). Die jetzige Besitzerinn ist die Reichsgräfinn Walburg Netoliczky, von Eisenberg gebohrne Gräfinn von Bredau. Hierher gehören:

1) Lochowitz, von 127 N. ein Marktflecken und schönes Schloß, welches die Grafen Wratislaw

l) Prager Landtafel im dritten meerfarben Quatern 1670. und 1671. den 19. Jänner.
a) Urkunde Archivi Prascolensis. LL. Erect. Vol. 8. G 5.
b) Schmiedl Hist. S. T. P. 4. L. 2.

## Berauner Kreis.

ſław erbauet haben, liegt an dem Bache Litawka zwiſchen Horzowitz und Suchomaſt 5 Meilen von Prag entfernt.

Das Wapppen dieſes Fleckens iſt in zwey Theile getheilet, deſſen unterer Theil ſtellet drey Berge im rothen Felde mit zwey Thürmen und einem Thore, der obere Theil aber zwey ſilberne Löwen im goldenen Felde vor.

Hagek eignet die Anlegung dieſes Ortes jenen Pohlen zu, welchen Herz. Brzetiſław im J. 1039. nach ſeiner ſiegreichen Rückkehre von Gneſen, die Gegend unter dem Walde Czirnin zur Anbauung angewieſen hatte c). Die hieſtge Dechantkirche unter dem Tit. des heil. Apoſtel Andreas, kömmt in den Errichtungsbüchern ſchon auf das J. 1384. als Pfarrkirche vor. Im J. 1639. wurde der ganze Marktflecken von Schweden in die Aſche gelegt.

2) Zdaſchow, Staſſow, von 12 N. 3) Libomiſchle, an dem Bache Chumawa, von 65 N. 4) Hradek, eine Kirche zu dem h. Joh. von Nepomuk am Fuße eines Berges von gleicher Benennung, darauf noch wenige Spuren eines verfallenen Schloßes zu ſehen ſind.

5) Zelkowitz, von 20 N. 6) Netolitz von 12 N. ein deutſches Dorf. 7) Brodj eine Mühle.

Kaiſerl.

---

c) Coſmas & Hagek z. A. 1039.

## Kaiserl. Stiftsgut Praskoles.

Gehöret allemal den Dechanten am Karlstein, da dessen Nutznießung ihnen vom K. Karl IV. auf immerwährende Zeiten verehret worden ist a). Her gehören nur folgende zwey Dörfer:

1) Praskoles, (Lhota Praskoles) ein Pfarrdorf von 60 N., liegt in einem Thale am Kotzenbache zwischen Lochowitz und Zebrak nahe an dem Berge Hora Wotnicžka, 5 Meilen von Prag westwärts entfernt. Die ehemaligen Einwohner dieses Dorfes waren eine deutsche Kolonie, wie noch die meisten Beynamen der jetzt lebenden, als: Puchmeter, Puchtinger, Hetner, Stingel, Oswald 2c. uns zum Beweise dienen, heut zu Tage aber wird hier böhmisch allein gesprochen. Die Nahrung der hiesigen Landsleute bestehet hauptsächlich in der Viehzucht, und in dem Feldbaue, welcher der häufigen Anhöhen wegen meistens der zweyten und dritten Klasse zuzurechnen ist. Die uralte Kapelle unter dem Tit des heil. Prokop mit einem Freythofe, und einer von Holz geschnitzten Bildsäule des obbenannten Heiligen im Chorkleide, die hier schon über drey hundert Jahre lang aufbewahret wird b), mag allem Ansehen nach ehedem die Pfarrkirche gewesen seyn, welche nach der Ausweisung der Errichtungsbücher im J. 1384. mit einem eigenen Seelsorger besetzt war.

a) Archiv. Prascoles.
b) Archiv. Decanat. Prascoles.

war. In dieser Kapelle trift man zwey Grabsteine mit adelichen Wappen an. Auf deren einem ein senkrecht getheiltes Schild zu sehen ist, darinn ein mit einem Pfeile durchgeschossener Ast vorgestellet wird. Das zweyte, der Herren von Lukawecz, so mit der Jahrzahl 1552. bezeichnet ist, stellet abermal ein senkrecht getheiltes Schild vor, darinn ein Pferd erscheint, dessen eine Hälfte rechts im weißen Felde roth, die andere Hälfte links aber weiß im rothen Felde vorgestellet wird. Zu der jetzigen neuerbauten Pfarrkirche unter dem Tit. d:s heil. Nikolaus B. und Patronatsrechte des Dechants zu Karlstein, die von 1710. mit eigenem Administrator versehen ist, wurde der erste Grundstein im J. 1620. gelegt; der Bau aber wurde durch den gleich darauf folgenden dreyßigjährigen Krieg unterbrochen, und solchemnach blieb die Kirche unausgebauet bis zu Anfang des gegenwärtigen Jahrhunderts, wo der Bau dieser Kirche abermal vorgenommen, und durch den meisten Beytrag des damaligen Dechants zu Karlstein Emerik Vogta glücklich zu Ende gebracht worden ist, wie solches die folgenden, an der Wand dieser Kirche angebrachten Aufschriften bezeugen. A. 1628. mense Augusto haec pars templi S. Nicolai sub Ferdinando II. Rom. Imper. rege Boemiæ & Eleonora Imper. reginaque Boemiæ secunde & religiosissime regnantibus, Laurentio Ratzingero a Hradenstein Magistratu & collatore in Praskoles, Decanoque Carlsteinensi superis & posteris reparata est.

A. 1736. ſub Auguſtiſſimo Rom. Imp. &
Rege Boemiæ Carolo VI., & Auguſtiſſima Rom.
Imper. & regina Boemiæ Eliſabetha, auxiliante
Wenceslao Woita Carlſteinenſi Decano, et Patrono
huius Eccleſiæ S. Nicolai, haecce pars Eccleſiæ
poſt & circa magnum altare cum ſex in ea co-
lumnis, ſacriſtia, atrio, choro, fenestris, tecto,
tegulis illi impoſitis, fuit ex fundamento aedifi-
cata. Das Altarblatt, welches den heil. Nikolaus
vorſtellet, wird von Kennern insgemein für
ein Werk der geſchickten Hand unſers Skreta gehalten. Nicht minder iſt die ohne alle Aufſchrift,
noch einem andern Zeichen acht Zentner ſchwere Thurmglocke merkwürdig, welche nach der Ausſage der älteſten
Einwohner dieſes Dorfes durch einen unvermuthe-
ten Zufall unter einem Birnbaum nahe an der
Kirche in der Erde verſcharret gefunden, ausgegra-
ben, und zum Gebrauche dieſer Kirche verwendet
worden iſt c). Es bricht auch häufig in hieſiger Gegend ein bläulichter harter Stein, der zur Verfertigung allerhand Bildſäulen ſchicklich iſt, und ſich
nach der Art des Marmors ganz füglich poliren
läßt.

2) Tobolka liegt nahe an Beraun, und zählet
12 N. mit einem zerſtörten Frauenkloſter d). 3)
Walkmühle, 4) Eine Papiermühle, die eben jetzt
errichtet wird.

Allo-

c) Archiv. Praskolesʼ
d) Ibidem.

## Allodialherrschaft Horzowitz.

Im J. 1571. gehörte selbe dem Hrn. Wenzel von Rziczan, dann 1608. dem Hrn. Johann Litwin von Rziczan a). Zu Ende des gleichgesagten Jahrhunderts hielt diese Herrschaft Theresia Francisca Gräfinn von Martinitz im Besitze, die sich mit Johann Franzen Grafen von Wrbna verehliget, und im J. 1690. den 4. Februar Horzowitz an ihren Gemahl käuflich abgetreten hat b). Der jetzige Inhaber dieser Herrschaft ist Eugen Reichsgraf von Wrbna und Freydenthal, Ritter des goldenen Vließes, Sr. k. k. apostol. Majestät würklicher geheimer Rath, und Oberſthofmarſchall, der sie nach dem Tode seines Vaters Norbert Reichsgrafen von Wrbna im J. 1728. erblich übernommen hat. Zu dieser Herrschaft gehören:

1) Horzowitz, (Horzowicze) eine Herrnstadt mit ohnweit davon angelegten Glashütten von 204 N. liegt in einem angenehmen Thale an dem Rothenbache links von der Nürnberger Poſtſtraſſe, 3 Stunden von Beraun, und 6 Meilen von Prag westwärts entfernt. Die Hauptnahrung der Bürger bestehe im Feldbaue, der hier größtentheils unter der mittlern Klaſſe iſt, weil die meisten Aecker in abhängigen Gegenden gelegen sind; die übrigen suchen

---

a) Archiv. Praſcoleſ. Prager Landtag.
b) Ex Archiv. Convent. Horzovicenſis.

chen ihr Unterkommen bey den Eisenhämmern. Die böhmische Sprache ist hier allgemein, bis auf einige wenige Leute, die bey den Eisenhämmern sind. Das Stadtwappen ist in zwey Theile abgetheilet, der erste stellt einen halben Adler in rothem Felde vor, der zweyte besteht aus dreyen Querlinien, aus welchen die mittlere blau, die Seitenlinien aber weiß sind.

Im J. 1420. den 23. April kam hier zur Welt Georg Podiebradsky von Kunstat und Podiebrad, nachmaliger König von Böhmen, dessen Voraltern die Grafen von Bernek und Myddy sich in Böhmen gegen das J. 1250. seßhaft gemacht haben c). Im J. 1425. da die Prager unverrichteter Sache von dem Schlosse Zebrak und Toczník abziehen mußten, steckten sie einen großen Theil der Stadt Horzowitz in Brand d). Die Bürger löschten zwar noch bey Zeiten das weit um sich greifende Feuer, und entrießen für jetzt ihre Stadt der drohenden Gefahr, mußten sich aber bald darauf wieder zur neuen Gegenwehr gefaßt machen, als im J. 1430. den 19. July die Taboriten unter Anführung ihres neugewählten Feldherrn mit Namen Czert, vor Horzowitz angerückt, und das Schloß neun Tage lang hart belagert hatten. Siegmund Huler von Horzowitz damaliger

c) Chron. Zdarense a. Otto Steinbach Diplomat. Sammlung Lupac & Weleslavina 6. A. p.
d) Bartoss. a. Gelas. Mon. T. I. p. 149.

ger Besitzer dieses Ortes machte zwar dem Feinde einen tapfern Widerstand, mußte aber doch endlich der feindlichen Gewalt unterliegen, das Schloß samt der Stadt dem Johann Zmrzlík abtreten, und mit dieser Rotte nach Ungarn wider die Kaiserlichen Truppen ziehen, wo er das folgende Jahr darauf mit andern 250. Taboriten das Leben verlohren hatte e).

Die Ordensbrüder des heil. Franciskus sind hier zum Behufe des im Dorfe Wyska knap an der Stadt wohnenden Seelsorgers im J. 1684. den 19. July von damaligem Oberstburggrafen, und Ritter des goldenen Vließes Bernard Reichsgrafen von Martinitz eingeführet, und samt der Kirche unter dem Tit. der heil. Dreyfaltigkeit reichlich gestiftet worden. f).

Im Jahre 1593. kam hier zur Welt Samuel Martini von Dražowa. Er legte schon in seiner Jugend mehrere Beweise seiner Gelehrsamkeit ab, die er sich in verschiedenen Wissenschaften gesammelt hatte, und wurde bald darauf zu Litten, und endlich zu Prag 1618. bey St. Kastulus als Pfarrer angestellet. Da er aber im Jahre 1620. auf Befehl des Kaisers sammt der übrigen utraquistischen Geistlichkeit Böhmen räumen mußte, begleitete er vier junge Freyherren Kapliř von Sulewicz auf ihrer Reise in die fremden Länder, wo er sich solche Achtung erwarb,

e) Ibidem. p. 165. & 171.
f) Repertor. Convent. Franciscan.

daß er in Frankreich und Holland mit verschiedenen Ehrenämtern beehret, in Engeland aber in den Adelstand erhoben worden ist. Im Jahre 1631. bey dem Einbruche der Sachsen in Böhmen kehrte er abermal nach Prag zurück, wurde zum Pfarrer der Hauptkirche am Tein ernannt, bestattete mit vielen Ehrenbezeigungen die Leichen derjenigen zur Erde, die Kaiser Ferdinand der zweyte als Empörer am Leben bestraft hatte, und gab sie in einer zu diesem Ende verfaßten Lobrede als Märtyrer aus, als welche für den Glauben und das Vaterland ihr Blut vergossen hätten; wurde aber das folgende Jahr darauf neuerdings sammt den sächsischen Truppen aus Böhmen verwiesen. Ein mehreres von diesem Gelehrten kann man in den Abbild. der böhm. und mähr. Gelehrten 2. Th. und Boëm. Docta Balbin. nachschlagen.

Das Schloß und Stammort der Herren von Horzowitz, die einen Raben mit goldenem Ringe im Schnabel in ihrem Wappen führten g), liegt außer der Stadt, ist schön gebauet in Gestalt des lateinischen Buchstaben H, und mit einer Schloßkapelle unter dem Titel Marien Vermählung, wie auch mit drey Phasan-, einem Obst-, und zwey Lustgärten gezieret, welche gegen die Mitte des jetzigen Jahrhunderts nach dem Grundrisse des Hrn. Joh. Ferd. Schor, angeleget worden sind. Der mittlere Theil dieses Schlosses stand zwar schon vor Alters her, die Seitentheile aber sind im Jahre 1737. von Norbert Grafen
von

---

g) Balbin. Misc. L. 3. c. 3. §. 7. p. 23.

von Wrbna aufgeführet worden. Den oben angeführten Inhabern dieser Herrschaft Huler v. Horzowicz folgten die Hrn. Hrabeczky h), dann die Hrn. Rziczan, aus denen uns nebst jenen, die wir unten anführen werden, noch folgende bekannt sind: auf das Jahr 1549. Nikolaus von Rziczan i), und 1565. Heinrich von Rziczan k) des Kaisers Ferdinand I. und Königs in Böhmen Truchses, und Kommandeur des ritterlichen Maltheserordens zu Gran in Ungarn. Dieser böhmische Kavalier liebte nicht nur selbst die Wissenschaften, sondern unterstützte und beförderte sie auch bey allen Gelegenheiten. Er hinterließ einige gelehrten Schriften und Briefe in Manuskripten, die noch irgendwo in einer Bibliothek verborgen liegen. Allem Ansehen nach hat dieser gelehrte Mann den Grund zu der berühmten Bibliothek auf dem hiesigen Schloße gelegt, welche der nachmalige Besitzer Wenzel von Rziczan gegen das J. 1569. l) mit der zahlreichen Büchersammlung der Herren von Zerotin vermehret, der jetzige Besitzer aber nach Wien überbracht hatte.

Nach der bekannten Schlacht am weißen Berge wurde Joh. Ludwig von Rziczan der Empörung wegen seines Guts Horzowitz verlustig, welches im Jahre 1622. Maria Eusebia Gräfinn von Martinitz, gebohrne Gräfinn von Sternberg käuflich an sich

h) Ibidem c. 7. §. 3. p. 75.
i) Prager Landtag n. J.
k) Lupac. & Weleslavina ad 11 Julii.
l) Prager Landtag & Balbin. Boëm. Docta P. 3. p. 27.

sich gebracht hat m). Diese Gräfinn richtete gleich beym Antritte dieser Herrschaft ihre erste Sorge dahin, ihre Untergebenen, welche großen Theils der protestantischen Lehre zugethan waren, abermal in den Schoß der katholischen Kirche zu bringen, welches sie auch in wenigen Jahren glücklich zu Stande brachte n).

Die herumliegenden Berge sind zwar reich an Silber, und Cinober, wie auch am Quecksilber, welches im J. 1781 die Bürger auf ihrem eigenen Grunde erbrachen, und der jetzige einsichtsvolle Inhaber Reichsgraf von Wrbna dergestalten vortheilhaft in Umtrieb brachte, daß die letztgenannten Produkte nun in großer Quantität daselbst zu haben sind.

Die Eisenhämmer, deren hier drey gezählet werden, sind sehr ausgiebig. Zu deren Belegung werden alljährig 13000 Klafter Holz von doppelter, folglich 26000 Klafter von gemeiner Länge verbrauchet, die angränzenden Wälder aber sind dermassen weitschichtig, daß man nach einem fleißig gezogenen Kalkul erst nach hundert und zwanzig Jahren auf die erste Haue zurückzukehren bemüßiget seyn dürfte. Diesen großen Holzaufwand ersetzen von der andern Seite die häufigen Steinkohlen, die hier sowohl statt des Deputatholzes, und bey dem Bierbräuen mit vielem Nutzen verwendet, als auch an Auswärtige verkaufet werden.

Gleich

m) MS.
n) Hist. S. J. P. 3. L. 4. p. 662.

Gleich an der Stadt liegt 2) das Dorf Wyſka an der Kirche, oder v Koſtela von 47 N. nebſt einer Kirche unter dem Titel des heil. Aegidius Abt. Dieſe Kirche hatte ſchon im Jahr 1384 ihren eigenen Seelſorger o), der im J. 1726 mit dem von Czerhowitz her übertragenen Titel eines Dechants beehret worden iſt p).

Die Grabſteine ſind durch kluge Anordnung des für die Nachkommenſchaft fleißig ſorgenden jetzigen Beſitzers im J. 1780 aus der Kirche gehoben, und an der auswärtigen Kirchenmauer zu größerem Behufe der Genealogieforſcher angebracht worden; ſie führen folgende Aufſchriften, die theils in lateiniſcher, theils in böhmiſcher Sprache abgefaßt ſind:

Der erſte Grabſtein
von Rzičzan, von Kleinſtein.

Juncta duo quondam animis, poſt fata quieſcunt
Corpora, coeleſtes repetitura ſedes.

Im Jahr 1540 den Dienſtag nach Martini ſtarb die edle Frau Wraczka Rzičzan von Kleinſtein.

1565 ſtarb der ältere Hr. von Rzičzan ihr Gemahl, Herr auf Horzowitz.

Unter dieſem Steine ruhen gleichfalls: Magdalena von Wrtby, und Wraczka von Welhartitz.

Der

---

o) LL. Erect.
p) Archiv. Decanat. Horzovic.

## Berauner Kreis.

### Der 2te.

1562. am Tage des heil. Georgii wurde hier begraben der Hr. Alexander von Rziczan.

### Der 3te.

1569. Hier liegen begraben die eblen Fräulein von Wraczka Katharina, Anna, und Barbara Schwestern, und Töchter des jüngern von Rziczan, Herrn auf Horzowitz und Wscheradig, und dessen Gemahlinn der eblen Frau Ludmilla Rziczan von Weitmil.

### Der 4te.

1596. Am heiligen Abend starb der eble Wenzel von Rziczan, Herr auf Horzowitz, diesem folgte nach wenigen Tagen seine vielgeliebte Gemahlinn Salomena von Thalemberg, die hier allem Ansehen nach unter jenem Steine begraben lag, auf dem man nebst dem Bildniß eines Frauenzimmers nichts mehr als folgende Worte wahrnehmen kann: hier ruhet sie im Herrn q).

### Der 5te.

1607. am Tage der Himmelfahrt Christi ist hier begraben worden der eble Ritter Bohuchwal Bechistorf von Bechistorf, Herr auf Weinsdorf, Hauptmann der k. k. Herrschaft Zbirow.

q) Balbin. Boëm. Docta P. 3. p. 31.

### Der 6te.

1634. am Tage der heil. Ap. Simon und Judas starb im vierten Jahre ihres Alters Anna, Tochter des Herrn Johann Ledniczky.

1638. den 3 Febr. starb die edle Frau Anna Weltrubsky.

### Der 7te.

Dieser Stein ist stark beschädiget, daran nur folgende Worte noch zu lesen sind: A. M. D. — Johann der jüngere, edler von Rziczan, Herr auf Horzowitz und Wscheradiz ꝛc.

Der 8te Stein ist durch die Länge der Zeit gänzlich unlesbar geworden.

Dieser Herrschaft sind noch folgende Dörfer einverleibt: 3) Drazowka, eine Kirche unter dem Titel der heil. vierzehn Nothhelfer, die gegen die Mitte dieses Jahrhunderts durch einen reichlichen Beytrag der Horzowitzer Obrigkeit ganz neu und prächtig aufgeführet, jetzt aber kassiret worden ist. 4) Tihawa von 13 N. 5) Lhotka, Lhota von 30 N. sammt der 6) Janowermühle, mit einer Kirche unter dem Titel der heil. Anna.

7) Podluch von 43 N. gehörte zu Anfang des siebenzehnten Jahrhunderts dem Herrn Wenzel Peschik, nach der Schlacht am weißen Berge aber wurde dieses Gut an den kön. Fiskus gezogen, und im Jahr 1623 den 6 Jul. an die Frau Maria Slawatin gebohrne von Waldstein käuflich überlassen. Nach Slawatinen Tode fiel Podluch ihrer einzigen

hin-

hinterlassenen Schwester Elisabeth vermählten von Zerotin erblich zu, die es bald darauf an Maria Eusebia Gräfinn von Martinitz käuflich abgetreten hatte. MS. 8) Hrachowisst von 12 N. 9) Groß Wyska und 10) Klein Wyska von 18 N.

11) Waldek, ein in tiefem Walde 1 1/2 Stund von Horzowitz südwärts gelegenes, und heut zu Tage ganz im Schutte begrabenes Schloß, und Stammhaus der Herren von Waldek. Unser Hagek eignet abermal die Erbauung dieses Schloßes auf das Jahr 920. einem aus der Zahl derjenigen zu, welche die h. Ludmilla auf dem Schloße Tetin ermordet haben, mit Namen Kuman, der hiedurch den Namen dieses Schloßes und seiner ganzen Nachkommenschaft Wladek oder Waldek veranlaßet haben soll. Man sieht aber ganz deutlich, daß Hagek diese Nachricht aus keiner ächten Quelle geschöpft hatte; indem uns Christannus berichtet, daß Tunna sowohl als auch Kuman sammt ihrer ganzen Nachkommenschaft bald nach der an der h. Ludmilla begangenen Mordthat, theils durch das Schwert hingerichtet, theils aus dem Lande wären vertrieben worden r). Es ist also außer allem Zweifel, daß die Herren von Waldek, welche schon im Jahr 1263 dieses Schloß im Besitze hielten s), und viele Ehrenstellen in Böhmen bekleidet hatten, in keiner Verwandschaft mit den oben angeführten Meuchelmördern gestanden waren. Gegen die Mitte

des

---

r) Christannus apud Gelas. Hist. T. 3. p. 481.
s) Urkunde. a. Paproc. de Stat. Dom. p. 67.

des vierzehnten Jahrhunderts entstanden große Mißhelligkeiten zwischen dem Herrn Diepolt von Ryzmberk, und dem Herrn Wilhelm Hasenburg von
Waldek; beyde verfolgten einander heftig, und einer
fügte dem andern wechselweis unersetzlichen Schaden
zu. Diepolt wollte nicht länger seine Güter der Verwüstung seines Feindes preisgeben, rückte im Jahr
1346 den 14ten Oktob. vor das Schloß Waldek
voll der Hofnung Wilhelmen seinen abgesagten Feind
gefangen zu bekommen. Da er aber nach dreytägiger
Belagerung erfahren, daß sich Wilhelm zu Kuttenberg aufhielte, grief er das Schloß mit heftigem
Sturme an, bemächtigte sich desselben, steckte selbes
in Brand, und versetzte es in diesen elenden Zustand,
in welchem es noch heut zu sehen ist t).

12) Chalaupek, Chalaupky von 25 N. 13)
Bleschtienitz (Chlessticnicze) von 13 N. Im Jahr
1358 vermachten dieses Dorf Zdeslaw von Hasenburg, und dessen Gemahlinn Swatoslawa in ihrem
letzten Willen dem Kloster bey St. Benigna in O-
strow u).

14) Martnik, Mrtnik von 12 N. sammt einer Marienkirche, und einer einschichtigen Chaluppe. 15) Umrdla
und andere zwey Hütten. 16) Baschtiny 3/4 Stund von
Horzowitz südwärts entlegenes Dorf nebst einer Filialkirche unter dem Titel Marien Geburt, die zwar im
Jah-

---

t) Beneff. aGelaf. Mon. T. 4. p. 31. Hagek. Paprocky de
Stat. Dom. Balbin. Misc. L. 3. 8. p. 111.

u) Ex LL. Benefact. Monast. S. Benignae. Paprocky de
Stat. Dom. p. 72.

Jahre 1384 ihren eigenen Pfarrer hatte (x), jetzt aber von einem Lokalkaplan administriret wird.

17) Komarow, Komarau von 49 N. Ein Dorf sammt einem Mayerhofe. 18) Sokolowicz, mit einem baufälligen Schlosse, ehemaligen Stammhause der Herren von Komarow y) 6 3/4 Meil von Prag, und 3/4 Stund von Horzowitz südwärts entfernt. Nach der Zeit verfiel dieses Schloß an die Herren von Peschik, wie solches eine Grabschrift des Herrn Joseph Peschik von Komarow bey der Filialkirche zu Mrtnik ausweiset. Zu Anfang des siebenzehnten Jahrhunderts hatten die Herren von Rziczan selbes im Besitze, welches endlich im Jahr 1622 sammt Horzowitz an die Maria Eusebia Gräfinn von Martinitz käuflich gekommen war z).

19) Chesnowitz (Cheznowicze) von 55 N. 20) v Caulu eine Mühle. 21) Hwozdecz von 25 N. 22) Wossek von 53 N. sammt 23) Wystrkow und dem 24) Schafstalle Hradek. 25) Augezd von 36 N. sammt dem Wirthshause 26) Daubrawka, und der sogenannten Chaluppe 27) Pusty Zámek, 28) Zaluzy von 45 N. Herr Wilhelm von Waldek, der im Jahr 1319 gestorben ist, schenkte dem Kloster zu St. Benigna fünf Schock jährlicher Einkünfte sammt dem Dorfe Pleßiwiecz, welches

nach

---

x) LL. Erect.
y) LL. Erect. Vol. I. S. 2.
z) MS.

nach der Zeit die Geistlichen dieses Klosters für das Dorf Zalužy verwechselt haben aa).

29) Clusticze von 34 N. 30) Wormicz von 21 N. 31) Stilecz, eine Steinkohlengrube. 32) Staschow, eine Mühle. 33) Nerzezin von 14 N. mit Eisenbergwerken in dem Walde Giftberg, oder gedowa Hora.

## Majoratsherrschaft Ginetz.

Im Jahr 1621 hielt selbe Georg Malowecz von Hinnowa, Herr auf Winterberg im Besitze (Archiv. Praskoless.) Zu Anfang des jetzigen Jahrhunderts im Jahr 1705 gehörte selbe dem Oberstkanzler von Böhmen und Grandprior des ritterlichen Maltheserordens Johann Wenzel Wratislaw Grafen von Mitrowitz, Herrn auf Ginetz, Dirna, Zalschy, und Malessicz a). Der jetzige Inhaber dieser Herrschaft ist Franz Adam Wratislaw Reichsgraf von Mitrowitz oberster Erbkuchelmeister. Her gehören folgende Dörfer:

1) Ginetz (Gincze) von 82 N. Dorf und ein wohlgebautes Schloß in einem angenehmen Thale an dem Bache Litawka, 6 Meil von Prag zwischen Hostomitz und St. Benignakloster gelegen, nebst einem schön angelegten Lustgarten, und einer geraumen Kirche

aa) Ex lib. Benef. Monast. S. Benignae. Paprocky de Stat. Dom. p. 73.

a) Hammerschmied Pr. Gl. Pr. p. 742.

che unter dem Titel des heil. Nikolaus B., die schon im Jahr 1384 mit eigenem Seelsorger versehen war b). - Von den Erdarten und Mineralien, die in der Gegend von Ginetz gefunden werden, hat uns eine gründliche Beschreibung geliefert Herr Anton Erbacher 1782 Prag 8.

Hier ist zugleich ein Eisenhammer, Zahnhammer, Drathzug und Schmelzofen, 2) Bralowka ein Meyerhof, 3) Brzessin von 30 N. 4) Reikowitz, ein Eisenhammer und Zahnhammer von 19 N. 5) Hedow, ein Meyerhof. 6) Luja, eine Schäferey.

7) Bezdiedicz von 36 N., davon 3 zur hiesigen Pfarrkirche und 4 nach Praskoles gehören, Stammort der Herren von Bezdiedicz; liegt zwischen Hostomitz und Lochowitz, 5 Meilen von Prag entfernt, und hat eine Pfarrkirche unter dem Tit. Marien Himmelfahrt. Diese Kirche war schon im Jahre 1384. mit eigenem Seelsorger besetzt, welche im J. 1408. Peter von Bezdiedicz Herr auf Wyska mit 2 Schock jährlicher Einkünfte beschenkt hat. Einen Theil von diesem Dorfe hielt Herr Jaroslaw von Czeczelitz um das Jahr 1408. im Besitze c).

8) Klein Bezdiedicz, ein Meyerhof von 3 N. 9) Wobrazenicze sammt dem Meyerhofe, von 48 N. 10) Karlshof. 11) Welka von 40 N. 12) Czenkow von 30 N. 13) Bierzin von 17 N. 14) Er-

b) LL. Erect.
c) LL. Erect. Vol. 8. E. 7.

Erpet, Rzpety sammt einem Meyerhofe von 47 N. davon 13 nach Horzowitz gehören. 15) Lasstina, ein Wald mit 1 N. 16) Feldbabka von 7 N. 17) Boropek v. 19 N., davon 3 nach Praskoles, und 2 nach Horzowitz gehören. 18) Komorsko von 3 N.

## Gut Hlubosch.

Gehöret dem Karl Anton Hochberg, Freyherrn von Hemmersdorf. Her gehören folgende Dörfer.

1) Hlubosch (Hluboß, Hlubocz) von 62 N. ein Dorf und Schloß an dem Bache Litawka zwischen Ginetz und Przibram, 6 1/4 Meile von Prag entfernt, mit doppelten Eisenhämmern, und einer der heil. Dreyeinigkeit geweihten Filialkirche, die vom Hluboscher Schloßkaplan administriret wird. Im Jahre 1422. gieng hier ein blutiges Treffen vor zwischen dem Hanus von Kollowrat, und Johann Zmrzlik, der sich zu der Parthey der Przibramer geschlagen hatte. Sechzehn Soldaten von Seite des Zmrzlik, und funfzehn Bürger von Przibram wurden gefangen genommen, die übrigen waren genöthiget ihr Leben durch die Flucht in den nahe anstoßenden Wäldern zu retten a). Im Jahre 1623. nach der Schlacht am weißen Berge wurde Hluboß sammt dem Hofe Sadek durch den k. Fiskus dem ehemaligen Besitzer Karl Wtelensky von Wtelena entzogen, und an den Herrn Wen-

a) Bartoss. a Gelaf. Mon. T. 1. p. 216.

Wenzel von Bechinie käuflich überlassen b). Zu Ende des siebzehnten Jahrhunderts gehörte Hlubosch dem Herrn von Raczin c).

2) Sadek von 16 N. 3) Bratkowitz (Bradkowicze) von 23 N. 4) Hluboscher oder Dominikal Pasek von 39 N. 5) Drahlin von 58 N.

6) Piczin von 63 N. ein Dorf und ein altes Schloß 6 1/4 Meil von Prag, und eine halbe Stunde von Hlubosch ostwärts gelegen, mit einer Pfarrkirche unter dem Tit. Marien Geburt, und Patronatsrechte des Grandpriors, die schon im Jahre 1384. mit einem eigenen Seelsorger besetzt war, und im Jahre 1391. der Komturey des ritterlichen Maltheserordens zu Strakonitz einverleibt worden ist d). In dieser Kirche, welche jetzt von einem Geistlichen des gleichgemeldten Ritterordens administriret wird, sind viele Grabschriften der Herren Bechinie von Lazan anzutreffen, die im sechzehnten Jahrhunderte Piczin im Besitze hatten. Aus diesen sind uns nur folgende bekannt: im Jahre 1537. Johann Bechinie von Lazan Oberstlandesschreiber e). 1554. Peter Bechinie von Lazan f). Im Jahre 1571. gehörte Piczin dem Ritter Adam Mucha von Bukowa g). 7) Deutsch Pasek von 11 N. 8) Zirowa von 5 N.

---

b) M. S.
c) Balbin. Misc. Latin. S. Mont. Auct. I. p. 109.
d) LL. Erect. Vol. 4. X. 2.
e) Weleslav. 11. Jan.
f) Prager Landtag n. J.
g) Prager Landtag n. J.

## Kammeradministrationsgut Woborzischt.

1) **Woborzisch:** (Oborzissie) von 49 N. ehedem ein festes Schloß, nach der Zeit ein Kloster der Eremiten St. Pauli, die insgemein Pauliner genannt werden, und Dorf an einem unbenannten Bache zwischen Dobrzis und Przibram 6 1/4 Meilen von Prag westsüdwärts entfernt. Im Jahre 1425. den 4. Junii rückte Bohuslaw von Schwamberg mit Johann Bzdina, Johann Zmrzlik, Petr Buczek von Smolotil mit funfzig Reitern vor Woborzischt, und eroberte das feste Schloß in drey Tagen. Heinrich von Dorenstein sonst Rolman genannt, wurde nebst Udalrichen Holenska, Siegmunden Stezka v. Sokolowicz, Czrt, und andern sieben aus der Besatzung gebunden und verbrannt, Petr Tazowecz aber mit fünf und vierzig Gefangenen fortgeschleppt, und das Schloß gänzlich zerstöret a). Gegen die Mitte des sechzehnten Jahrhunderts hatten Woborzischt die Herren Walkaun von Adlar im Besitze, aus welchen uns der Herr Siegmund Walkaun von Adlar auf das Jahr 1558. bekannt ist b). Dann verfiel solches an die Herren Bechinie von Lažan, aus welchen der Ritter Wenzel der jüngere Bechinie von Lažan im prager Landtage auf das Jahr 1569. vorkömmt,

und

---

a) Bartoss. a Gelas. Mon. T. I. p. 149.
b) Prager Landtag n. J.

und endlich gegen die Mitte des vorigen Jahrhunderts an den Thomas Peßina von Czechorod prager Weihbischof, und berühmten vaterländischen Geschichtschreiber, der dieses Gut um 17000 fl. erkauft, dasselbe den oberwähnten Geistlichen, die er hier im Jahre 1675 stiftete, nebst andern zehen tausend Floren zu ihrem hinlänglichen Unterhalte, und einer zahlreichen Büchersammlung geschenket hatte c). Im Jahre 1786 den 17ten Febr. sind die besagten Geistlichen, deren hier 8. an der Zahl waren, laut eines allerhöchsten Hofdekrets aufgehoben, ihre Güter aber dem allgemeinen Religionsfond zugeeignet worden. 2) Sichrow ein Dorf von 10 N. davon die Hälfte nach Dobrjisch gehöret.

## Gut Bukowa.

Gehört dem Joseph Enis Freyherrn von Atzern; denselben sind einverleibet: 1) Bukowa ein 6 Meil von Prag, und ganz nahe an Piczin gelegenes Dorf von 40 N. 2) Sottenschitz (Sotenczicze) von 22 N.

## Przibram.

Eine k. freye, offene Silberbergstadt mit einem Schlosse von 283 N. an dem Bache Litawka 7 Meil von Prag westsüdwärts entfernt. Die Hauptnahrung der

---

c) Berghauer in Protom. P. 1. p. 156. & 325.

der hiesigen Bürger bestehet im Ackerbaue, der hier größtentheils zur mittelmäßigen Klasse gerechnet wird, zum Theil auch im Bergwerke, und verschiedenen andern Gewerben, dazu noch ehedem die häufigen Pilgrime, welche nach dem heiligen Berg wahlfahrten giengen, ein vieles beygetragen haben. Die herrschende Sprache in dieser Stadt ist zwar die böhmische, obgleich viele Bürger auch der deutschen Sprache wohl kündig sind. Die Anlegung dieser Stadt leget unser Hagek auf das Jahr 755. einem böhmischen Wladike bey, den er auf das gleich gesagte Jahr unter dem Namen Przibral, auf das 874 Jahr aber schon unter dem Namen Przibik in seiner Geschichte auftreten läßt. Balbin gesteht zwar im 2 B. 2 Kap. der Geschichte vom heiligen Berg, daß man das Jahr der Erbauung von dieser Stadt eigentlich nicht bestimmen könne; doch änderte er bald darauf wieder seine Meinung a), und schrieb selbe auf das Jahr 884. dem vornehmen böhmischen Herrn Przibik aus dem Geschlechte der Herren von Klenau zu. Weil er aber zur Bestätigung dieses Satzes keine sichere Gewähre aus einem namhaften Chronisten anführen konnte, fiel er abermal dem ersten Ausspruche unsers Hagets bey b). Der sich nun mit ungewissen Erzählungen will begnügen lassen, dem steht es frey eine oder die andere aus den gleich angeführten

---

a) Balbin. Hist. S. Montis. Auctuario p. 110, I. Gelas. Hist. T. 2. p. 279. & T. 3. p. 223.
b) Idem Misc. L. 3. c. 8. p. 94.

Meinungen zu wählen; ich schreite zur Erzählung solcher Begebenheiten, die sich aus ächten Quellen, und gleichzeitigen Schriftstellern erproben lassen. Nachdem die reichen Ausbeuten der hiesigen Bergwerke eine große Anzahl der Menschen herbeygelockt, und der Ort selbst schon die Gestalt eines Flecken angenommen hatte, schenkte Kaiser Karl IV. gegen das Jahr 1348. denselben sammt fünf und vierzig Dörfern, und allen Gerechtsamen dem neu errichteten Erzstifte zu Prag c). Ernest damaliger prager Erzbischof, der die Ausbreitung der katholischen Religion, und die Unterstützung der Armen für die ersten Pflichten seines Hirtenamts zu jeder Zeit angesehen hatte, richtete gleich bey der ersten Antretung dieser Güter seine Sorgen dahin, die hiesigen Bürger, welche dem Bergbaue bisher unaufhörlich nachhiengen, und eben darum in ihren Sitten noch etwas roh, in den Glaubenssachen aber nicht fest genug gegründet waren, mit tüchtigen Lehrern zu versehen. Bald darauf legte er hier zur Versorgung der Nothdürftigen ein Spital, und eine Kirche unter dem Titel des heil. Johann Evang. an; und bauete endlich daselbst auch ein Schloß, mit einer Kapelle, wo er sich zu verschiedener Zeit, die ihm zu seiner Erholung übrig blieb, den geistlichen Betrachtungen gewidmet hatte d).

Die-

---

c) Balbin. Hist. latin. S. Mont. L. 2. c. 2. & Hist. Boem. S. M. L. 1. c. 1. p. 3. & Misc. L. 6. P. 2. p. 31.
d) Chron. Vindobon. a Gel. Mon. T. 3. p. 40. & Beness. Metrop. L. 4. p. 380.

## Berauner Kreis.

Dieses Schloß, welches nach Balbins Zeugniße noch im Jahre 1668. ganz im Schutte begraben lag, wurde im Jahre 1670 kraft eines Hofdekrets unter dem 1 Oktob. vom Kaiser Leopold dem prager Erzbischofe Mathäus Bielenberg abermal eingeräumt, mit dieser Bedingung, daß die prager Erzbischöfe dieses Schloß doch ohne allen Nachtheil der Přzibramer Bürgerschaft, wieder unter dem Namen Marienburg herzustellen befugt, und zu gewissen Zeiten der herankommenden Pilgrime das heil. Sakrament der Firmung zu administriren verbunden wären e).

Unter der klugen Sorgfalt und Verwaltung der übrigen Erzbischöfe wurden die Umstände der Přzibramer allzeit blühender, und die hiesigen Bergwerke dermassen ausgiebig, daß die Bürger im Stande waren den Bau der Domkirche bey St. Veit mit ihrem eigenen Vermögen zu unterstützen, und namhafte Schulden des prager Erzstiftes baar zu bezahlen. Ibinko von Hasenburg, Erzbischof zu Prag, wollte diese freygebige Dienstfertigkeit seiner treuen Unterthanen nicht unbelohnt lassen, fertigte derohalben im Jahre 1406 den 2ten Oktob. den Přzibramern einen Gnadenbrief aus, kraft dessen ihnen das Bild der prager Domkirche mit zweyen Thürmen im Wappen und Stadtinsigel zu führen erlaubt wurde, welches im Jahre 1497 den 13 Julii König Wladislaw der zweyte nebst vielen andern Freyheiten bestätiget, und Přzibram in

die

---

e) Ex Archiv. Civit. & Balbin. Hist. Germ. S. Mont. L. I. c. 4.

die Zahl der Städte versetzt hat f). So fleißig als die bisherigen Besitzer für die Aufnahme und das Wohl dieser Stadt gesorget haben, eben so fahrläßig bezeigte sich in Beförderung dessen Konrad der Westphälinger, welcher die sämmtlichen Güter des prager Erzstiftes, worunter auch Przibram war, an verschiedene Herren theils verpfändet, theils käuflich abgetreten hatte.

Die ersten, welche Przibram solchermaßen an sich gebracht haben, waren nach Balbins Meinung die Herren von Wrtby, aus deren Geschlechte Ossiepanowecz von Wrtby als Inhaber des Orts Przibram in einer Urkunde auf das 1458 Jahr bey dem Paproczky vorkömmt g). Ungeachtet der reichen Silbergänge, die sich hier schon zur Zeit Karls IV. häufig geöfnet haben h), ist dennoch Przibram im funfzehnten Jahrhunderte theils durch die stete Abwechslung der Besitzer, theils durch die hussitische Landesverwüstung in sehr misliche Umstände gerathen.

Zu gleicher Zeit entstanden auch große Mißhelligkeiten zwischen den Przibramern, und dem Herrn Hanus von Kollowrat, die sich nicht anders als mit vielem Blutvergiessen beylegen ließen. Die Gelegenheit zu solchem unversöhnlichen Hasse gab der schnelle Ab-

f) Archiv. Civit. & Balbin. Hist. Latin. S. Mont. L. 2. c. 2. p. 81. & Misc. L. 6. P. 2. p. 59.
g) Balbin ibid. Paprocky de Stat. Dom. p. 84.
h) Balbin. ibidem c. 3. p. 93.

Abfall der Pržibramer von der katholischen zu der hussitischen Lehre, welches die Kolowraten, die nicht weit von hier zu Liebstein ihren Sitz hatten, und der römisch-katholischen Kirche eifrigst zugethan waren, mit vielem Unwillen gesehen, und sich fest vorgenommen haben Pržibram mit bewafneter Hand zu überfallen i).

Zu diesem Ende rückte Hanus von Kolowrat im Jahre 1421 den 18ten März, dann 1422 den 21 März, und obermal zu Anfang des Monats September im nämlichen Jahre mit zahlreicher Mannschaft vor Pržibram, eroberte dasselbe sammt dem Schlosse, verheerte alles mit Schwert und Feuer, nahm den Bürgern alles Vieh, Getreid, und andere Lebensmittel weg, Wenzel Parzyfal und Surowecz wurden bey solcher Gelegenheit nebst vielen andern getödtet, und die übrigen hundert vier und zwanzig an der Zahl sammt ihren Hauptleuten Aleš, Chlewczo, Slamyd, und Ostiepanek von Mislin nach Liebstein in die Gefangenschaft abgeführet k).

Kaum wurden diese Feindseligkeiten beygelegt, als schon abermal die folgenden Besitzer von Pržibram selbst neue einheimische Unruhen veranlasset haben. Johann Peššik von Komarow der ältere trachtete auf alle mögliche Weise die Pržibramer Bürger

der

---

i) Balbin l. c. Auctuar I. p. 111.
k) Bartoss. a Gelas. Mon. T. I. p. 147. & 215. & a Balbin. Hist. Latin. S. Mont. L. 2. c. 2. p. 78.

der ihnen vormals mitgetheilten Freyheiten zu berauben, die Bierbräugerechtigkeit und die Zolleinkünfte an sich zu bringen, und die ehmalige Unterthänigkeit wieder einzuführen. Die Bürger wurden, über solche Unternehmungen höchst unzufrieden, brachten ihre Klagen bey der ersten Landesstelle zu Prag an, und erhielten hierauf vom damaligen Oberstburggrafen Zdenek Löw von Rozmital eine Schutzschrift, darinn Pessik von solchen Kränkungen der Przibramer Bürger unter vielen Bedrohungen abgeschreckt wurde l).

Dem gleich gemeldten Pessik von Komarów folgten im Jahr 1529. die Hrn. von Witencze aus deren Geschlechte Johann von Witencze uni das J. 1534. die Stadt Przibram pfandweis im Besitze hatte m); dann die Grafen von Guttenstein, aus welchen uns nur der Wolfgang auf das 1543. J. und Viktorin Grafen von Guttenstein, auf das 1552. Jahr bekannt sind. Einige aus der Zahl dieser Guttensteine versuchten abermal nach dem Beyspiele ihrer Vorfahren die Freyheit der Przibramer Bürger auf verschiedene Art zu schmälern, wurden aber allmal von den Königen selbst mit allem Ernste dahin verwiesen, Przibram für eine freye Stadt zu erkennen, die aus keiner andern Ursache, als der hussitischen Unruhen wegen in Verpfändung gerathen wäre. Guttensteine ließen sich zwar allemal wieder durch
sol-

---

l) Ex Archiv. Curiae Przibram. Balbin. l. c. p. 70.
m) Adauct. Münzbeschreib. T. 3. p. 157.

solche hohen Verordnungen zurecht weisen; allein Ka=
tharina Lokschan, gebohrne Sternberg, Frau auf
Grünberg, die Przibram nach den Herren von Gut=
tenstein pfandweis übernommen hat, kehrte sich we=
nig an diese königlichen Befehle, behandelte die sämmt=
lichen Bürger mit einem gebieterischen Stolze,
entriß ihnen alle Freyheiten mit Gewalt, und die sich
hierfalls widersetzten, wurden mit den schwersten Geld=
und Leibesstrafen belegt. Kurz, die ehemalige golde=
ne Freyheit der Przibramer schien unter dieser grausa=
men Gebieterinn auf einmal zu scheitern. Da nun in
diesem Falle die vom königlichen Hofe an unsere Ka=
tharina zu wiederholtenmalen ergangenen Maaßre=
geln und Einschränkungen durchaus nichts früchten
wollten, wurde sie kraft einer königl. Verordnung im
Jahre 1574 den 24 May genöthiget das Schloß
und die Stadt in wenigen Tagen zu räumen. Hier=
auf überfiel der erboste Pöbel voll der Rache das
Schloß, welches Katharina Zeit ihres Aufenthalts
hier bewohnt hatte, und riß den noch übrigen Theil
des Schloßes, der Hanusens Grimme entgangen
war, gänzlich zu Boden n).

Nachdem diese Kränkungen und Unterdrückungen
endlich ein gewünschtes Ende genommen haben, verlegten
sich die Bürger um desto fleißiger auf den Bergbau, der
schon von hussitischen Zeiten an in einen merklichen
Verfall gerathen, im Jahre 1494. unter K. Wladi=
slaw

---

n) Balbin. l. c. ex litt. Origin. Ferdin. I. & M. S. Curiae
Przibram.

slaw dem zweyten wieder hergestellet, und zu K. Ferdinand des I. Zeiten abermal zu einem vielmehr blühendern Stand, als jemals gelangt war.

Man wühlete im Jahre 1553 unermüdet die Berge Tistow, Trzebussna, und Laze durch, und arbeitete ohne Unterlaß in dreyßig Schachten, die mit den Namen verschiedener Heiligen von jeher belegt waren, unter welchen sich die hundert und zwanzig Klafter tiefe Marienschachte besonders an den reichen Ausbeuten ausgezeichnet hatte o) Man verfertigte zu gleicher Zeit bey diesem Bergwerke eine zwar ganz einfache, aber sehr vortheilhafte 1148 prager Schuh lange, und 9 Schuh breite Maschine (Mlhadla) zur Ausschöpfung des häufig zufließenden Wassers, die von den gelehrten Jesuiten Georg Konstanzius, und Beniamin Schleyer beschrieben worden, und noch heut zu Tag von allen Kunstverständigen mit vieler Achtung bewundert wird. Balbin lieferte uns eine in Kupfer gestochene Abbildung von dieser Maschine sowohl in seinen Miscell. L. 3. c. 13. als auch in Hist. S. Mont. L. 2. c. 3. Unter der Regierung K. Rudolphs des zweyten warfen die Przibramer Bergwerke in die kön. Renten vom Jahre 1553. bis 1584. wie die eigenhändige Unterschrift der königl. Rentmeister bezeuget hatte, fünf und funfzig Centner, dreyßig Pfund, und zwölf Unzen am Silber ab p).

Die-

o) Balbin. l. e. c. 8. p. 94. & Miscell. L. 1. c. 15. p. 41.
p) Ibidem. p. 94. & Misc. L. 1. c. 15. p. 42.

Dieses Bergwerk ist zwar noch im Umtriebe, obschon die jetzigen Ausbeuten mit den ehemaligen keineswegs zu vergleichen sind. Die hiesigen Erze, wie uns Herr Johann Ferber berichtet, sind gediegen und haarichtes Silber, Glaserz, Weißgulden, graues „Antimonium, weißes und grünes, in Paralle epiden „krystallisirtes Bleyerz, und silberhaltender Bley- „glanz, und zwar letzterer in solcher Menge, daß sich „die Przibramer Silbererze selbst verbleyen, wodurch „man oft im Stande gewesen ist, sowohl den Kutten- „berger, als auch den ungarischen Schmelzwerken mit diesem Bleye auszuhelfen q).

In Rücksicht des obrrwähnten unermüdeten Bergbaues erzeigten sich unsre Könige und Kaiser den Przibramern Bürgern zu jederzeit günstig, und begnädigten sie mit manchen herrlichen Privilegien und Vorrechten. So bestätigte König Georg im Jahre 1463. alle Freyheiten, die K. Johann und Wenzel IV. dieser Stadt verliehen hatte, unter welchen auch den Kohlenbrennern das Vorrecht eingeräumt wurde, daß sie gleich andern Bergleuten von dem obersten Münzmeister in Kuttenberg abhangen, aller Steuer frey seyn sollen, und ordentliche Zusammenkünfte zu Przibram abzuhalten befugt wären r).

Kaiser Ferdinand I. ertheilte der Stadt Przibram im Jahre 1534 den 30 April, nebst andern Gnadenbezeigungen auch das Recht der Freystätte, wel-

q) Ferber. l. c. p. 16.
r) Adauct. Münzbeschreib. 2.B.7.Stück.p.195.ExOriginal. Archiv. Kuttenberg.

welches sämmtlich im J. 1570 vom K. Maximilian II., im J. 1579 von Rudolph II., im Jahre 1614 den 8ten Febr. von Mathias, und letzlich von allen nachfolgenden Landesfürsten bekräftiget worden ist.

Das Vermögen dieser Stadt nahm allmählig dergestalten zu, daß sich die Bürger im Jahre 1584 mit Bewilligung Kaiser Rudolphs des zweyten von der kön. Kammer losgekauft, und in die ehemalige Freyheit abermal versetzt haben s).

Die Dechantkirche unter dem Titel des h. Ap. Jakob des Gr. und Patronatsrechte Sr. Maj. des Kaisers, war schon im Jahre 1384 mit eigenem Seelsorger versehen t). Gegen diese Kirche haben sich besonders freygebig bezeigt im Jahre 1393. Johann Kubaß Stadtrichter und Bürger zu Przibram. Im J. 1400 Herr Geczko v. Rziczan, und Johann Sadek. Im Jahre 1411. Herr Udalrich von Trzebska, und 1414. Herr Przecho von Zowein u). An dem Kirchengewölbe sind entworfen die Wappen des K. Wladislaw II. mit dieser Aufschrift: Wladislaus Dei Gratia XVI. rex Bohemiae & Ungar. filius Casimiri regis Poloniae 1471; des K. Ferdinand I., und Maximilians II.; wie auch der Herren von Beneda, die etliche Pfeile, der Hr. Koschateczky, die einen Sieb, und der Herren Korka v. Korkinic, die ein Schiff

in

---

s) Kaufkontrakt in der kön. Landtafel im gelben Relationsquatern sub lit. D. 16.
t) LL. Erect. Vol. 4. P. 4. Vol. 8. E. 7.
u) LL. Er. l. c. & Balbin Hist. S. Mont. L. 2. c. 2. p. 84.

in ihrem Schilde geführet haben. Man trift sogar auch hier auf einigen Fensterscheiben das Geschlechtswappen der berufenen Frau Katharina von Lokschan an w). Der Kirchenthurm ist mit etlichen Glocken von verschiedenem Gewichte versehen, auf der größten, die im Jahre 1512. verfertiget wurde, sind folgende Verse zu lesen:

En ego campana, nunquam pronuncio vana,
Ignem, vel festum, guerram, vel funus honestum.

Nebst der Dechantkirche, kömmt hier noch die ehemalige Spitalkirche bey St. Johann Tauf. anzumerken, die zwar nach der Zeit ganz abgebrennt, zu Ende des vorigen Jahrhunderts aber wieder hergestellet worden ist.

Nicht zu geringer Ehre gereichet den Bürgern zu Przibram, daß sie nach der Schlacht am weißen Berge die ersten einen katholischen Pfarrer mit Namen Markus Seller angenommen, und in den Schoß der römischkatholischen Kirche zurückgekehret sind.

Eine Viertelstunde von der Stadt liegt der bekannte und zur königl. Kammer gehörige heilige Berg (Swata Hora) von 3 N. mit einer Kirche, die 22 Ellen in der Länge, und 11 3/4 Ellen in der Breite hält, unter dem Tit. der gnadenreichen Mutter Gottes, und Patronatsrechte Sr. Maj. des Kaisers. Der Zutritt auf diesen Berg
ist

---

w) Balbin. l. c. c. 2. p. 80. & 83.
x) Ibidem.

ist von Seite des Aufgangs für die Fußgänger, bequemer gemacht worden durch 418 Staffeln, welche mit einem Dach versehen, und mit fünf Krujifixbildern durch den Hrn. Siegmund Mislik k. k. Obristen gezieret worden sind. Von Mitternacht kann man mit Roß und Wagen bis hinauf kommen. In Betreff der Erbauung dieser Kirche sind die Meinungen unserer Chronisten abermal verschieden. Simon Kazimir, Albert Chanowsky und Crugerius, Priester der Gesellschaft Jesu, schreiben selbe auf das dreyzehnte Jahrhundert einem Ritter aus dem Geschlechte der Maloweczen, andere aber dem ersten Prager Erzbischofe Ernest zu y). Diese Verschiedenheit der Meinungen, und der Gebrauch, den die Przibramer Bergknappen schon im J. 1579., ehe sie noch die Luthers Lehre angenommen, und auch in folgenden Zeiten darauf von dieser Kirche zu ihrem Gottesdienst gemacht haben z); läßt mich, und vielleicht nicht ohne Grund vermuthen, daß die Bergknappen selbst für die Stifter dieser Kirche angesehen werden mögen. Denn die Bildsäule der heil. Muttergottes, welche, wie einige dafür halten, der oberwähnte Prager Erzbischof Ernest selbst geschnitzt, und in seiner Schloßkapelle zu Przibram zur öffentlichen Verehrung ausgesetzt hatte, wurde erst nach der

y) Balbin Hist. Lat. S. Mont. L. 2. c. 4. Seq. & Germ. L. 1. c. 1.
z) Balbin, l. c. L. 2. c. 4. p. 100. & L. 1. c. 3. p. 19.

der Zerstöhrung des Schloßes in die Pfarrkirche; dann aber zur Zeit des zu Przibram aufkeimenden Lutherthums, von dannen in die Kirche zu St. Johann nicht ohne Verachtung verlegt. Nachdem aber diese Kirche grossentheils durch Feuer verwüstet worden, hat man die Bildsäulen der Muttergottes, und der heil. Elisabeth, sammt dem grossen Altarsteine, worauf Ernest das heil. Meßopfer zu verrichten pflegte, in diese Bergkapelle übertragen aa). Kaum wurde dieses in der umliegenden Gegend rufbar, so sah man schon eine ziemliche Anzahl der marianischen Verehrer herbeyeilen, die ihre Zuflucht hieher genommen, und diese Kirche empor zu bringen sich eifrigst bemühet haben. Allein der bald darauf erfolgte Einfall der Sachsen in Böhmen vereitelte ihr sämmtliches Vorhaben. Diese verhaßten Gäste überfielen im J. 1631. nebst andern auch die Stadt Przibram, und verwandelten diese zur Ehre Gottes gewidmete Kirche in einen Pferdstall. In diesem wüsten Stande verblieb diese Kirche bis auf das J. 1632., wo sie auf die Veranlassung des Hrn. Albert Beneda von Netzetin abermal von allem Unflat gereiniget, und zu dem vormaligen Dienst Gottes bestimmt worden ist. Im J. 1646. begleitete K. Ferdinand der dritte seinen Sohn Ferdinand den vierten zur Krönung nach Prag, und nahm seine Reise über Przibram. Nachdem dieser fromme Fürst den zahlreichen Zulauf

der

---

aa) Ibidem L. 2. c. 6. p. 120.

der Pilgrime, und den Mangel der Geistlichkeit hier wahrgenommen, faßte er den Entschluß die Zahl derselben zu vermehren. Hierzu kam noch das eifrige Verlangen des herumwohnenden Adels, worunter sich die Grafen Georg Martinitz und Georg Slawata hauptsächlich ausgezeichnet haben. Diese Herren haben endlich mit Bewilligung des Kaisers die Sache dahin gebracht, daß im J. 1647. den 25. Juny fünf Geistliche aus der Gesellschaft Jesu in das Adlerische Haus zu Přibram eingeführet, vom Johann Wenzel Czastolar mit allem nöthigen Unterhalte versehen, und in einer kurzen Zeit darauf auf den heiligen Berg versetzet worden sind bb). Bald darauf bekam diese Kirche eine ganz andere Gestalt, da sich die meisten aus dem Adel gleichsam um die Wette bestrebt haben, dieselbe empor zu bringen. Im J. 1655. wurde der hohe Altar auf die Veranlassung des Oberstburggrafen Bernard Grafen von Martinitz errichtet, und die Kirche nebst vielen andern schönen Verzierungen mit einer Orgel, einem Predigtstuhle, und vielem kostbaren Kirchengeräthe versehen. Das Seitenaltar zur rechten Hand, welches die Kreuzigung Christi vorstellet, ließ Hr. Albrecht Beneda v. Netzetin, das zweyte die Abnehmung Christi vom Kreuz die Frau Johanna Franc. Raczin gebohrne Bechiny aufführen cc). Im J. 1732. den 22. Juny

bb) Ibidem L. 4. c. 1. p. 253. seq. & Hist. Germ. L. 3. c. 1. p. 289.
cc) Idem Hist. Germ. L. 1. c. 11. p. 60.

## Berauner Kreis.

Juny ist das Marienbild durch den prager Weihbischof Rudolphen Grafen von Sporf auf das feyerlichste gekrönet worden. Im J. 1773. nach der Aufhebung der Sozietät Jesu wurde die Administrirung dieser Kirche einem infulirten Probste aus dem Theatinerorden Grafen Czegka von Olbramowicz, nebst vier Weltpriestern anvertrauet. An der innern Wand dieser Kirche trift man verschiedene Stammwappen an, als der Hrn. von Gutenstein, der Hrn. von Kziczan, dann aufgeblühte Rosen der Hrn. von Rosenberg, ein pohlnischer Adler der Hrn. von Kollowrat, Bären und Löwen der Hrn. von Rozmital, ein Menschenfuß der Hrn. Peschik von Komarow, drey Karpfen der Herren Bechinic von Lazan. Ihre Grabstätte haben hier gewählet Adam Wratislaw Freyherr von Mitrowitz, Frau Katharina Chlumczansky gebohrne Schlegel, und Frau Maria Magd. Wratislaw gebohrne Borinkin.

Der Glockenthurm ist mit vier Glocken von einem angenehmen Klange versehen, darunter die zwey kleinern ein ziemliches Alter anzeigen; die Buchstaben, mit welchen sie bezeichnet sind, sind gegossen, und dergestalten nach altvätrischer Art verzogen, daß man kein vollkommenes Wort entziffern kann dd). Eine weitschichtige Nachricht von dieser Kirche gab uns Balbin im Jahre 1665, und Ignatz Popp im Jahre 1758.

Der

dd) Ibidem Hist. latin. L. 2. c. 9. p. 143.

Achter Theil. J.

Der Stadtgemeinde zu Přibram gehören nebst dem heil. Berg noch folgende Oerter:

2) Duschnik (Duſſniky trhowy) von 46 N. ein Schloß und Dorf an dem Bache Litawka 6 1/2 Meil von Prag, und eine halbe Stunde von Přibram nordwärts entfernt. Dieses Gut hatte im J. 1615 Herr Udalrich von Lazan im Besitze a), dann verfiel es an die Herren Chlumczansky, und endlich an die Herren von Boſſi, die es im Jahre 1741. an die Stadt Přibram käuflich abgetreten haben b)

3) Skorotiner Schäferey, mit einem nahe daran liegenden ehedem festen, wie es noch der verfallene Graben anzeiget, jetzt aber ganz ruinirten Schlosse Skorotin.

4) Obczow von 18 N. gehört zum Theil nach Dobřzisch. 5) Deutsch-Lhota von 37 N. die Hälfte davon gehört nach Dobřzisch. 6) Woſecz von 17 N. 7) Worlow von 20 N. 8) Birkenberg (Břežowa Hora) ein Bergflecken von 41 N unter der Přzibramer k. k. Oberamtsgerichtsbarkeit, wo das Silberbergwerk stark getrieben wird, eine Viertelstunde von Přzibram westwärts gelegen, mit einer Filialkirche unter dem Titel des heil. Prokop Abt.

9) Laſecz (Lazecz, Hlaſecz, von 16 N. ein freyes Dorf unter der Přzibramer Stadtjurisdiktion, der

Me-

---

a) Prager Landtag a. J.
b) Archiv. Civit.

Meyerhof aber gehört der Stadt eigen zu. 10) Koziczin von 17 N. 11) Hammer, eine ehemalige Papiermühle, ist dermal unter dem Namen Hochofen begriffen.

12) Zdaborž von 10 N. 13) Podleß von 21 N. 14) Brod von 12 N. 15) Zezicz (Rzepicz) von 20 N. 16) Hochofen (Wysoka pecz) von 19 N. 17) Hatie von 9 N. ein zum heil. Berg gehöriger Meyerhof, den für jetzt der Přibramer Rathsmann Franz Eberl sub emphyteusi besitzet. 18) Licha von 14 N. 19) Emaus ein bürgerliches Wirths- und Flußhaus, liegt nahe an der Stadt Přibram, ist eben dahin beygerechnet, und gehöret dermal dem Herrn Leonard Tomaschko Stadtrichter in Přibram.

## Kammeralherrschaft Milin.

Die Einkünfte dieser Herrschaft sind von der seligen Andenkens Kaiserinn Königinn Maria Theresia für das adeliche Feduleinstift auf dem prager Schlosse bestimmt worden. Dazu gehören:

1) Milin (Miljn) Milenum (Senecz) von 62 N.; ein Flecken in einem angenehmen Thale 8 M. von Prag, und eine M von Přibram südsüdostwärts gelegen. Im Jahre 1644 gehörte Milin dem Hrn. Johann Kawka von Rziczan a).

2) Druchlicz (Druhlicz) von 31 N. davon 13 N. zur Herrschaft Karlstein, und 2 N. nach Dobržisch

a) Hist. S. J. P. 4. Vol. 2. L. 4. p. 113.

gehören. 3) Aubenicz von 28 N. davon 13 nach Dobrzisch gehören. 4) Paliwo von 10 N. 5) Dubenecz von 24 N. davon 2 nach Dobrzisch gehören. 6) Bohostitz von 26 N. 7) Groß-Beczicz von 31 N. davon 2 nach Karlstein gehören, ein Dorf mit einer Filialkirche unter dem Titel des heil. Laurenz. 8) Klein-Beczicz (Becziczky) von 25 N. 9) Czetin von 30 N. 10) Ober Hbit von 38 N.

11) Schliwitz (Slywiczc) von 2 N. eine 8 Meil. von Prag ganz nahe an Milin gelegene Pfarrkirche unter dem Titel der heil. Ap Peter und Paul, und Patronatsrechte Sr. M. des Kaisers. Der gemeinen Aussage nach, soll die von Stein gehauene St. Peters Statue, die noch heut zu Tage hier auf dem hohen Altare ausgesetzt ist, bey dem Graben der Kirchenfundamenten gefunden worden seyn.

Das Alter dieser Kirche läßt sich zwar aus Mangel der hinlänglichen Urkunden nicht bestimmen, doch kann man aus den Thurmglocken, deren eine mit der Jahrzahl 1412, die andere mit dem Jahre 1534 gezeichnet ist, leicht schließen, daß selbe schon zu Anfang des funfzehnten Jahrhunderts ihr Daseyn hatte. Sie wurde vom Jahre 1630. durch einige Geistlichen aus der Gesellschaft Jesu administrirt, im Jahre 1646. durch einen reichlichen Beytrag der Herren von Rziczan, deren Geschlechtswappen auf zwey Altären noch heutiges Tages hier zu sehen ist, prächtig verneuert, und endlich 1647. da die Jesuiten von dannen nach dem heiligen Berg beruffen worden, mit einem eigenen Seelsorger versehen. In einer kleinen Entfernung von Schliwitz nahe an der Militner Strasse trift man in einer felsichten Gegend gewisse Merkmale eines bald sitzenden, bald auf einem Ellenbogen ruhenden Menschen an. Einige unserer leichtgläubigen Vorfahren, da sie keinen Grund von dieser Sache anzugeben wußten, schrieben solches ohne vielen Bedenken alsbald einem ehemal hierorts wohnenden frommen Einsiedler zu, und dichteten noch hinzu verschiedene Erscheinungen vieler von Gold u. Silber prächtig schimmernden, und mit Edelsteinen reichbesetzten Kirchengefäße, und den Klang eines unterirdischen Glockengetöns, welches sie alles in dieser Gegend gesehen und gehöret zu haben mit vieler Sicherheit behaupten wollten. Allein dergleichen ungegründete Erzählungen verdienen meines Erachtens eben soviel Glauben, als die Herleitung des Wortes Ossywicze, die nach Balbins Zeugniß dieser Kirche aus solcher Ursache soll beygelegt worden seyn, weil selbe, ob sie gleich von keinem großen Raume ist, niemal von dem herbenkommenden Volke dermassen angefüllt werden kann, daß sich nicht noch mehrere hinzugesellen könnten b)

12) Unter ●●r von 26 N. davon 13 nach Smolotell gehören, mit einer Pfarrkirche unter dem Titel des heil. Johann Tauf. und Patronatsrechte Sr. M. des Kaisers, welche schon auf das Jahr 1396 in den Errichtungsbüchern unter dem Namen Tbit vorkömmt, c) und im Jahre 1782 den 15 Apr.

mit

b) Balbin. Hist. S. Mont. L. 2. c. 10. p. 148. & Germ. L. 1. c. 12. p. 68.
c) LL. Erect. Vol. 13. T. 9.

mit einem eigenen Seelsorger versehen wurde. Bey dieser Kirche werden folgende Dokumente aufbewahret, die aus einem alten Kirchenbuche mit vieler Mühe abgenommen worden sind. Man kann hieraus sowohl auf die Errichtung, als auch auf die abermalige Herstellung dieser Kirche ganz deutlich schließen. Sie lauten nach der Abschrift, welche mir der jetzige Hr. Pfarrer Franz Joseph Oesterreicher freundschaftlich zugeschickt hatte, wie folget:

Beneschius de Weitmühl Castri Carolorupei (Karlstein) Vicarius ab obsequiis regis Caroli quarti in fragmentis notavit minores plebanas in Boëmia Ecclesias CCC., quas rex pietate clarus condidit. De his XX a Castro Carlstein usque Zwikovam ad beatum Linum meridiem versus dotavit, fundis auxit, guardinis dedit, & Castro regio junxit. S. Palmatii fuit primum, demum progressum est ad plagam Hostowitz, Senecz, ad Milenum Manorum oppidum S. Petri, respiciens montes occidentes Tczebusch, (Trjebussna) Hibitt, inter nemora ad orientem prope castrum Hunecz ad ripam fluminis Mulda Kamniek, & trans fluvium usq. Milersko seu Mileschov, his plebanos dedit Jodocum, Samnitium, & Buschonem Haiman, Chaneschium Culpasch, viros doctrina & pietate claros, quos in castro denominatos ad sua praedia comitatus est A. 1368 Magister Hermannus ordinis Sancti Benedicti Cantor & Mislae Slaus (Mista Slavus) dum factionibus Gibellinis a Papa Urbano V. vocaretur rex, & urgeretur Romam.              Magister Samo Buchlerus
              Czasl. Bir. in Hibitt. 1545.

Anno 1597. Erecta de ruderibus Ecclesia in Hibitt, & sopito aliquantulum furore Hus, in dejecta, & prope jam putrida trabe legi, quae in fronte Ecclesiae aut Presbiterii prostare videbatur, sequentes versus:

Carolus quartus me funditus erexit,
Dum ad Dominum Papam Romam perrexit,
Hussitica & Raucani (Rokiczanae) pravitas me evertit,
Pietas Austriaca me rursus ad sacra divertit.

Magister Miksac Valenta
Pleba. ad S. Joann. in Hibitt.

Nicht ferne von Hbit liegt auf dem hohen Berge Makowa, eine öffentliche Kapelle unter dem Titel des heil. Johann Tauf., die unter das Patronatsrecht der Smoloteler Obrigkeit gehöret.

13) Leseticze (Leschetitz) von 29 N. 14) Botzgeschitz von 16 N. davon 15 dem Dechant zu Přibram gehören.

## Gut Wysoka.

Gehörte ehedem der Freyinn Maria Gabriela verwittweten von Rziczan, die es laut ihres letzten Willen ihrem leiblichen Bruder Freyherrn von Gfeller Erzdechant zu Krumau, dieser aber seinem Neffen Freyherrn von Hillebrand Herrn auf Horzkau und Wysoka erblich verschrieben hatte.

Hierzu sind einverleibt. 1) Wisoka (Wysoka) von 31 N. 2) Strzepsto, ein Dorf von 31 N.

davon 11 nach Alt Sattel=Hradek, und 5 zur Přjbramer Dechantey gehören, mit einer Pfarrkirche unter dem Titel Marien Himmelfahrt.

## Gut Kamena.

Von 20 N. Gehört sammt dem Dorfe 2) Zawrzicz von 17 N. und 3) Wojna Bergwerk von 3 N. dem Herrn Mathias Wagner von Angerburg, und liegt eine halbe Stunde von Milin westsüdwärts.

## Gut Erdischowitz (Erdissowisse).

Ein Schloß und Dorf von 24 N. liegt 8 Meilen von Prag, und eine halbe Stunde von Milin südostwärts. Dieses Gut kam von den Herren Neteworsky von Brzizy käuflich an die Frau Mac-Mahon, von dieser gelangte selbes erblich an die Freyherren von Astfeld. Die es abermal im J. 1784. an den jetzigen Besitzer Herrn Joseph Witek von Salzberg käuflich abgetreten haben. Her gehöret auch 2) Zawadilka ein Wirthshaus.

## Lehngut Smolotel.

Im Jahre 1693. hatte Adam Maximil. Chanowsky, Dlauhowesky von Langendorf dieses Gut im Besitze a). Zu Anfang des gegenwärtigen Jahrhunderts gehörte es dem Zdenko Georg Chrzepiczky
von

a) Hammerschm. Pr. Gl. Pr.

von Modliczkowitz, Domprobste an der St. Veit-kirche zu Prag, nach dessen Tod aber gelangte dieses Gut erblich an dessen Schwester vermählte Santini von Aichl. Santinens Tochter Johanna Antonia verwittwete Freyinn von Wanczura vermachte solches ihrem zweyten Gemahl a) Adam Freyherrn von Skronsky und Budczow, der selbes noch heut zu Tage im Besitze hält.

Her gehören: 1) Groß = Smolotel (Smolotely) von 48 N. davon eins nach Milin gehört; ein Dorf u. Schloß liegt 7 1/2 M. v. Prag entfernt zwischen Milin u. Kamcik und ist mit einer Kirche unter dem Tit. des h. Johann Tauf. versehen. 2) Daßkabat v. 4 N. 3) Klein = Smolotel (Smolotelky) ist nach Groß = Smolotel beygerechnet, 4) Ssalanda, einschichtig. 5) Wescze (Westecz) sammt 6) Peraukka von 29 N. gehört zum Theil nach Zduchowitz, Dobrzisch und Wermierzicz.

## Gut Zduchowitz.

Im Jahre 1647. war Adam Wratislaw Freyherr von Mirrowitz Besitzer von diesem Gute a), jetzt gehört selbes dem Prämonstratenserstifte am Strahof zu Prag.

Her sind einverleibt: 1) Zduchowicz, liegt 7 Meilen von Prag nahe an Kamcik, ein Schloß und Dorf von 37 N. mit einer Kirche unter dem Tit. des heil.

a) Balbin. Hist. S. Mont. G rm. L. 1.c. 11. p. 67.

heil. Norberts, die von zweyen genannten Ordensgeistlichen administriret wird.

2) Jägerhaus. 3) Bakosta v. 2 N. davon ein Lehnhof nach Zebrakow gehört. 4) Rowisstie v. 2 N. ein Hof gehört nach Smolotel. 5) Wolka von 24 N. 6) Bukowecz von 4 N. 7) Blatnicze einschichtig. 8) Cahawa von 2 N., davon eins nach Smolotel gehörig.

## Herrschaft Dobrzisch.

Dobrzisch gehörte im dreyzehnten Jahrhunderte nach Balbins Zeugniße a) sammt den Goldbergwerken zu Knin dem Augustinerkloster bey St. Benigna zu Ostrow, dann soll selbes den Tempelherren zugefallen seyn b). Nach der Aufhebung dieses Ordens gelangte Dobrzisch an die Herren v. Rosenberg c) Gegen die Mitte des sechzehnten Jahrhunderts waren die Herren Schwihowsky von Ryzmberk Besitzer der Herrschaft Dobrzisch, aus deren Geschlechte Ferdinand Schwihowsky auf das Jahr 1558. im prag. Landtage vorkömmt. Diesem folgte Ferdinand Brzetislaw Schwihowsky, der sich mit der Fr. Anna Nowohradsky von Kolowrat verehelichet, und zu Anfang des siebenzehnten Jahrhunderts das Zeitliche gesegnet hat-

a) Balbin Misc. L. 3. c. 3. p. 23. et L. 6. p. 113.
b) Beczkovsky Hist. Boem. Hammerschm. Pr. Gl. Pr.
c) Hagek. a A. 1421. Paprocky. de Urbib. & Lupac. 3. Fehr.

hatte d). Nach dessen Tod fiel Dobrzisch der königl. Kammer zu und wurde im J. 1630. den 6. April an den Grafen Bruno von Mannsfeld mit Vorbehalt der Jagdgerechtigkeit käuflich überlassen e). Von dieser Zeit an blieb selbes bey dieser Familie, bis auf den Joseph Wenzel Reichsfürsten von Mannsfeld und Fondy, der im J. 1780 bald nach seinem Vater Heinrich Paul mit Tod abgieng, und dasselbe seiner Schwester Maria Isabella Reichsgräfinn zu Bolloredo Mannsfeld, gebohrnen von Mannsfeld erblich hinterließ, die schon ehedem von ihrem Vater, im Falle ihr Bruder Joseph Wenzel ohne männlichen Erben sterben sollte, als Universalerbinn von Dobrzisch und Nußel eingesetzet worden ist. Dieser Herrschaft sind einverleibt:

1). Dobrzisch (Dobrziß) von 189 N. ein Marktflecken mit einem prächtigen Schlosse, und einem Garten, der über 100000 fl. mag gekostet haben, 5 Meilen von Prag zwischen Mischek und Przibram gelegen, mit einer Pfarrkirche unter dem Tit. der heil. Dreyfaltigkeit. Im J. 1421. überfielen Dobrzisch die Prager, welche dem Zizka zu Hülfe eilten f), und im J. 1639. die Schwedischen Truppen; beyde verübten hier einen überaus großen Schaden, plünderten den ganzen Marktflecken und

---

d) Hist. S. J. P. 2. L. 4. p. 482.

e) MS. & Rentamtsbuch der königl. Herrschaft Brandeis.

f) Hagek. Lupac. 3. Febr. et Paproc. de Urb.

und legten ihn nebſt vielen angränzenden Dörfern in die Aſche.

2) Trnowa, von 4 N. ein Meyerhof. 3) Chauzawa, von 8 N. 4) Klein Chraſtiz von 34 N. 5) Mokry Wrata, (Mokrowrat) von 26 N. 6) Pauſtie von 10 N. 7) Bozy Hory von 18 N. 8) Neuhof von 8 N. 9) Groß Budin von 5 N. 10) Klein Budin (Budinek) von 5 N. 11) Rybniky von 21 N. 12) Drhow, Drhowy von 25 N. 13) Homole von 12 N. 14) Schelnitz, Zelnicze einſchichtig. 15) Deutſch Duſchnik (Duſſnjky) von 30 N. 16) Drhow, Drhowcze von 4 N. 17) Nechalow von 11 N. 18) Drewnik, (Drzewnjky) von 25 N. 19) Kurzbach von 3 N. 20) Zebrak, (Zebraky) von 13 N. 21) Neczin von 32 N. 22) Lypina, Lypiny von 15 N. 23) Gablancez, Gablon von 7 N. 24) Wobory von 38 N. 25) Wapenicze von 4 N. 26) Trztl, von 13 N., darunter zwey königl. Freyſaſſen ſind. 27) Baliſch (Baliß) (Kaliſſtie) von 6 N. 28) Wietrow von 8 N. 29) Lypiny, Samotarz von 1 N. 30) Neprzegow von 19 N. 32) Radetitz (Radieticze) von 32 N. 33) Steczow (Stieczow) von 28 N. Gegen die Mitte des vorigen Jahrhunderts gehörte dieſes Dorf der Frau Katharina Chlumczanſky gebohrnen von Schlegel g).

34)

---

g) Balbin Hiſt. S. Mont. Germ. L. I. c. II. p. 67.

34) Luch (Luhy) von 34 N., ein Theil davon gehöret nach Zduchowitz

35) Konerop, Koníčopy von 14 N. 36) Jerusalem von 10 N. 37) Jeßeniz von 5 N. 38) Hag, (Hay) von 15 N. 39) Jilenetz (Gelenecz) oder Lazan von 18 N. 40) Wyßnowa von 53 N. mit einer Kirche unter dem Tit. der heil. Katharina, die im J. 1384. mit einem eigenen Pfarrer versehen war h). Im J. 1787. ist hier neuerdings ein Lokalkapellan angestellet worden.

41) Skalitz, (Skalicze) von 25 N. 42) Skalka, von 5 N. 43) Dobno, Dubno von 40 N. 44) Neuwirthshaus. 45) Wostrow von 13 N. zu Anfang des vorigen Jahrhunderts gehörte dieses Dorf samt Suchdol dem Hrn. Karl Path, nach der Schlacht am weißen Berge aber fielen diese beyden Güter dem königl. Fiskus zu, und wurden im J. 1623. an die Frau Katharina Wratislaw käuflich überlassen i). 46) Suchdol (Suchy Dul) von 31 N. Im eilften Jahrhundert vertauschte Adelheide Aebtissinn des St. Georgklosters zu Prag Suchdol samt dem Walde Hluboka an den Prager Bischof Severus für das Dorf Nezliczi (Nezlicze), welches im J. 1221. König Przemisl der erste bestättiget hatte k).

47)

---

h) LL. Erect.
i) MS.
k) Urkunde s. Gelaß. Hist. T. 5. p. 329.

47) **Heiliges Feld,** (Swate Pole) von 24 N. ein Dorf und Pfarrkirche unter dem Tit. der heil. Elisabeth, die schon im J. 1384. nach der Anzeige der Errichtungsbücher mit einem Seelsorger besetzet war. Es soll hier gegen das J. 1192. eine Cisterzienserprobstey gewesen seyn, die der Abtey zu Nepomuk unterordnet war l). Wann aber und von wem dieses Kloster hier gestiftet worden sey, kann man aus Mangel sicherer Urkunden nicht bestimmen; seine Verwüstung hat es allem Ansehen nach den hussitischen Landesverwüstungen zu verdanken. Unter die Wohlthäter, welche die Einkünfte der hiesigen Pfarrkirche um ein merkliches vermehret haben, sind unstreitig die Herren Czegka von Olbramowitz zu rechnen, aus deren Geschlecht Przecho dieser Kirche erstens 40 Schock Gr. geschenket m), und dann im J. 1414. gewisse jährliche Einkünfte auf immerwährende Zeiten angewiesen hat n). Gegen die Mitte des sechszehnten Jahrhunderts entstand eine Zwistigkeit zwischen den hier benachbarten Rittern, deren jeder sich das Patronatsrecht über die hiesige Kirche anmassen wollte. Die Sache wurde endlich auf einem allgemeinen Landtage untersuchet, und gefunden, daß der Hr. Johann Byschiczky von Byßicz Burggraf des Pra-

---

l) Carolus de Viesch in sua Biblioth. & Crugerius a. Balbin Hist. S. Mont. Latin. Auct. 1. c. 9. p. 103.
m) Paprocky de Stat. Equest.
n) Idem a. Balbin l. c.

Prager Schloſſes ſolches Recht von dem Hrn. Borziwog von Rabſtein im J. 1545. erkaufet habe, worauf der Vorgang dieſer ganzen Sache im J. 1555. auf das Begehren des Hrn. Byſiczky in die königl. Landtafel eingetragen worden iſt o).

48) Roßowicz von 77 N. 49) Lhotka, Klein Lhota von 18 N. 50) Libicz, von 11 N. 51) Lipnicz, ein Meyerhof. 52) Althütten, von 60 N. 53) Woznicze, von 25 N. 54) Wobecznitz (Obecznicze) von 77 N. liegt bey Deutſch Lhota, hier iſt nebſt einem Hammerwerke auch eine Silbergrube im Umtriebe, wo oft, nach dem Berichte des Hrn. Johann Ferber Kriſtalliniſches Silber-Fahlerz erbrochen wird.

55) Platy, Placz von 3 N. liegt bey Stezow. 56) Baczin von 18 N. liegt bey Jablan. 57) Peterka, eine Mahlmühle, liegt bey Uepržegow. 58) Wagecznik von 5 N. liegt bey Žebrak. 59) Zaborzan von 33 N. davon 3 nach Miſchek gehören. 60) Riman (Rimanie) von 14 N. 61) Rocheta von 2 N. 62) Neudorf von 61 N. 63) Geneſchnitz (Geneſſnicze) von 31 N. 64) Liſchnitz bey Wietrow von 10 N. 65) Gablona von 29 N. 66) Puſta na Buku von 11 N. davon 4 nach Milin gehören. 67) Unter Radletitz 68) Budarž. 69) Plawecz, ſonſt auch v Peterku genannt. 70) Wobora, iſt zu Woznicz, und 71) Baba

o) Balbin l. c.

Baba zu Trnowa beygerechnet. 72) Wimlin, ist zu Althütten beygezählet, und 73) Hranicz zu Neushof. 74) Lischnitz, Luzy von 8 N. 75) Pila, Pila eine Brettmühle von 3 N. 76) Glashütten von 8 N. 77) Zernowa von 4 N. 78) Drsnik, Držnj von 15 N.

## Gut Wermerzitz.

Gehörte vormals dem Hrn. Joseph Witek v. Salzberg. Der jetzige Besitzer davon ist der Hr. Joseph von Flügelsfeld. Her gehören:

1) Wermerzitz (Wermierzicze) ein Dorf und Schloß von 22 N. liegt 6 1/4 M. v. Prag links an der Moldau, und ist mit einer öffentlichen Kapelle unter dem Tit. der h. Anna versehen, die von einem Schloßkaplan administriret wird.

2) Hage, Zahay von 7 N. 3) Gindra eine Mühle. 4) Biczicz ein Meyerhof von 3 N.

## Lehnhöfe Zebrakow.

Sonst Zebrak genannt von 13 N. davon eins nach Zduchowicz gehöret. Die Besitzer davon sind: der Ritter Johann Ernest Zunasch von Machowitz, Stephan Niemecz, und Adam Nosakowicz. Dieses Dorf liegt 7 1/2 Meile von Prag am linken Ufer des Flußes Moldau.

Gut

## Gut Czelyn (Czelyna).

D. 40 N., liegt 5 1/4 M. von Prag links an der Moldau, gehörte ehedem den Rittern Macht v. Löwenmacht, jetzt aber dem Grafen Joh. von Unwerth, sammt dem Dorfe 2) Seiczka Lhota von 11 N. so ehedem den Benediktinern bey St. Niklas zu Prag zuständig war.

## Gut Slowanska Lhota, und Langen Lhota.

Die Besitzer davon waren ehedem die Benediktiner bey St. Niklas zu Prag, von denen es die Frau Rosalia Freyinn von Stenz gebohrne von Peche im Jahre 1773 käuflich an sich gebracht hat. Her gehören:

1) Lhota Slowanska von 8. N. ein Schloß und Dorf 5 1/2 Meile von Prag, und eine Meile von Knin südwärts gelegen.

2) Lange Lhota (Dlauhá Lhota) von 49 N. ein Dorf unter Woborzische 6 Meil von Prag südsüdwärts gelegen, mit einem unlängst von der jetzigen Besitzerinn prächtig erbauten Schlosse. Gehörte ehedem den Herren Bechinie von Lazan, von welchen es die obbemeldten Benediktiner in Schulden angenommen haben.

3) Bitiz, Bitz, Byticze von ; N. Unser Balbin, und Hammerschmied schreiben die Anlegung dieses Dorfes bald auf das 745, bald auf das 757 J. einem reichen böhmischen Wladike mit Namen Byticz

Achter Theil.                    K                    zu,

zu, der hier mit Genehmhaltung seines Fürsten Ne=
zamyſl einen großen Hof erbauen ſollte.   Balbin.
Hiſt. S. Mont. Lat. L. 2. c. 3. & Hammerſchm. Hiſt.
Klattov. P. I. c. 1. a Gelaſ. Hiſt. T. 2.   4) Drazow
(Draſow) von 24 N.

## Gut Cholin oder Cholinſko.

Gehörte vormals dem Hrn. Joſ. Kaubek einem
Bürger zu NeuKnin, jetzt aber dem Herrn Martin Hol=
lakowſky Bürger zu Przibram, der ſelbes 1785 käuflich
übernommen hatte.

## Neu Knin.

Eine königl. Bergſtadt von 140 N. iegt zwiſchen
Miſchek und Slowanſka Lhota an dem Bache Bo=
czaba, 4 1/2 M. von Prag entfernt, und iſt mit einer Fi=
lialkirche unter dem Tit. des h. Nikolaus B. verſehen, die
nach Alt Knin eingepfarrt iſt. Man hat hier vor
Alters häufiges Gold gewonnen, wie es noch die ver=
fallenen Schachten anzeigen. Im Jahre 1479 wur=
de Knin kraft eines Majeſtätsbriefes vom König Wla=
diſlaw dem zweyten in die Zahl der Bergſtädte ver=
ſetzt, und mit vielen herrlichen Privilegien verſehen,
welches im Jahre 1461 den 1 Oktob. König Georg
von Podiebrad, im Jahre 1545 den 8 Sept. Kaiſer
Ferdinand I., und im Jahre 1680 den 22 Oktober
Kaiſ. Leopold theils beſtätiget, theils mit neuen Vorrech=
ten

ten vermehret hatte. a) So glücklich und blühend als sich nun die Ausbeuten des hiesigen Goldbergwerks unter dem König Wladislaw II. gezeiget haben, eben so hart und ungünstig begegnete den Kniner Bürgern das abwechselnde trauervolle Schicksal in folgenden Jahren, wodurch sie allemall in die traurigsten Umstände allmählig gerathen sind.

Im Jahre 1419 den 6 Nov. überfiel Peter v. Sternberg mit kön. Truppen, darunter die vornehmsten Feldherren: Praczek von Rattay, Johann Swldniczky, Boldicz, die Söhne des Herrn Michalek von Michelsberg und Wenzel Doninsky waren, die Taboriten, deren sich eine Anzahl von ungefähr vier tausend Mann kurz bevor bey Knin gelagert, und schon einen großen Theil Böhmens verwüstet hatte.

Das Gefecht war sehr hitzig, allein die überlegte Macht der Taboriten gewann endlich die Oberhand, die kön. Truppen mußten weichen, viele derselben wurden niedergehauen, die übrigen waren genöthiget theils die Waffen zu strecken, theils die Flucht zu ergreifen b).

Bald darauf im Jahre 1424 rückten die Taboriten neuerdings vor Knin, übten an den Bürgern viele Mordthaten aus, nahmen ihnen ihr ganzes Hab und Gut weg, und legten einen großen Theil der Stadt in die Asche. Ein nicht geringeres Schicksal traf

K 2           die

---

a) Archiv. Civit. Knin.
b) M. Laurent. a Lupac. 6 Nov.

die Kniner abermal im J. 1639, da die Schweden fast ganz Böhmen überschwemmt haben. Zu allem diesen stieß noch im Jahre 1435 den 14 Juli ein sehr großer, und mit häufigen Schloßen vermengter Wetterschaden, der die ganze Hofnung des ohnehin schon durch die gleichgemeldten Unglücksfälle sehr bedrängten Landmanns gänzlich vernichtet hatte c). Knin verdienet in unsrer Geschichte des berühmten Mannes Johann Paßek wegen vor vielen anderen Städten den Vorzug.

Dieser Mann kam die letzten Jahre des funfzehnten Jahrhunderts in dieser Stadt zur Welt, und machte sich durch seine ausnehmende Gelehrsamkeit in kurzer Zeit dergestalten berühmt, daß man ihm anfänglich die Stellen eines öffentlichen Lehrers und Dekans an der hohen Schule zu Prag anvertrauet, und dann auch die Ehrenämter eines Kanzlers, Rathsmannes und Primators in der kleinen Stadt Prag angetragen hatte. Er starb im J. 1533 den 22 März, und wurde in der altstädter Hauptkirche am Teyn begraben d).

## Gut Alt Knin.

Gehörte im J. 1576 und 77. dem Herrn Johann Gezowsky von Lub (prag. Landtag), dann fiel selbes zu Anfang des verflossenen Jahrhunderts dem Herrn Wen-

c) Bartol. a. Gelas. Mon. T. 1. p. 192.
d) Lupac. 22 Martii.

Wenzel Wratislaw von Mitrowitz zu, der viele Jahre in der türkischen Gefangenschaft zu Konstantinopel unschuldiger Weise schmachten mußte, und eben darum in unsrer Geschichte nicht ganz unbekannt ist. Von dessen Erben hat es der ritterliche Kreuzorden mit rothem Stern käuflich übernommen. Disem sind einverleibt:

1) Alt Knin von 34 N., ein Schlößchen, knap an der Bergstadt Neu Knin und Dorf mit einer Pfarrkirche unter dem Titel des heil. Franz Seraph., und Patronatsrechte des Generalgroßmeisters obbemeldten Ordens. Diese Kirche, wo auch die ehemalige Familiengruft der gräflichen Familie Wratislaw von Mitrowitz anzutreffen ist, war schon im Jahre 1384 mit einem eigenen Seelsorger versehen, a) und wurde im J. 1668 den Kreuzherren sammt dem Patronatsrechte abgetreten b).

2) Zábornj Lhota von 17 N. 3) Chramischt von 8 N. 4) Libschitz (Lipssice) von 27 N. 5) Mittel Lhota von 16 N. 6) Mokrsko (Mokrow) von 4 N. Im Jahre 1381 kaufen die Karthäuser zu Smichow dieses Dorf, welches König Wenzel der vierte den ersten Sept. gesagten Jahres nicht nur bestätiget, sondern auch 1383 den 20 Jän. das Dorf selbst von aller auswärtigen Dienstbarkeit losgesprochen hat c).

7)

---

a) LL. Erect.
b) Hammerschm. Pr. Gl. Pr.
c) Diplom. a Petz Codic. Diplom. T. 6. P. 3. p. 71. seq.

7) **Kobylnik** (Kobylnjky) von 5 N.   8) **Wymiſſlenka** ein Wirthshaus.   9) **Smilowicz** von 5 N. ſammt einem Wirthshauſe.   10) **Tremſchin.**   11) **Schupanowitz** (Županowice) von 29 N. Im Jahre 1235 ſchenkte die verwittwete Königinn Konſtanzia dem Spitale St. Franziſci an der prager Brücke dieſes Dorf ſammt Borotitz und Draſchetitz d).

12) **Hubenow** von 22 N.   13) **Borotitz** von 22 N. mit einer Marienkirche, die ſchon auf das J. 1378 in den Errichtungsbüchern vorkömmt, (L. L. Erect. Vol. 12. A 8.) und 1786 den 8ten März neuerdings mit einem Pfarrer verſehen worden iſt.   14) **Draſchetitz** (Trajeticze) von 24 N.   15) **Ziwohauſt** wird bey der Herrſchaft Cloſtau vorkommen.

## Gut Sudowitz (Zudowicze).

Im Jahre 1622 nach der Schlacht am weißen Berge fiel dieſes dem Herrn Jakob Zudowſky zuſtändige Gut dem königl. Fiskus anheim. a) Gegen die Mitte des jetzigen Jahrhunderts gehörte daſſelbe dem Herrn Chriſtoph Wagner von Wagenburg, gegen das J. 1765 kauften es die Hrn. v. Stech, jetzt aber iſt der Herr Heinrich von Schittelsberg Beſitzer davon. Dieſes Dorf liegt 4 1/2 Meil von Prag an dem Bache Koczaba, der Bergſtadt Neu Knin entgegen, und zählet 17 N.

---

d) Hammerſchm. Hiſt. Monaſt. S. Georgii p. 184. Beczkowsky L. 10. p. 874.
a) MS.

## Domkapitularherrschaft Leschan.

Gehöret dem prager Domkapitel bey St. Veit. auf dem prager Schlosse, derselben sind einverleibt: 1) Leschan (Lessany) von 30 N. ein Schloß, Dorf und Mayerhof nahe an dem Fluß Sazawa 4 Meilen von Prag südwärts gelegen.

2) Networžiz (Networžicze) ein Marktflecken, zählet sammt dem herrschaftlichen Mayerhofe 79 N. liegt 4 1/2 M. von Prag, und eine Stunde von Leschan südwärts entfernt, und ist mit einer Pfarrkirche unter dem Titel Marien Himmelfahrt versehen, die schon auf das Jahr 1404 in den Errichtungsbüchern vorkömmt. a) Zu Anfang des vorigen Jahrhunderts hielt Herr Paul Michna Networžiz im Besitze, der der erste vom Kaiser Ferdinand II. in die Zahl der Reichsgrafen von Weitzenau versetzt worden ist, und durch dessen fleißiges Beythun die hiesigen Bürger die Lutherslehre abgeschworen haben, und in den Schos der katholischen Kirche zurückgekehret sind b).

3) Chora von 7 N. 4) Tuchinie (Duschin) v. 10 N. 5) Wschetiz (Wsseticze) von 16 N. 6) Blazenicze von 19 N. 7) Mnierzin von 16 N. sammt 8) Králowka. 9) Stromecž von 9 N. 10) Nedwiczy sammt 11) Kopanjn von 15 N. 12) Augezd mit einer Filialkirche unter dem Titel

Ma-

---

a) LL. Erect. Vol. 13. N. 4.
b) Hist. S. J. P. 3. L. 4. p. 572 & 1183.

Marien Geburt von 21 N. 13) Wietrow von 14 N. 14) Teletik sammt Freysassen von 20 N. 15) Maslowitz von 11 N. 16) Brzezan von 34 N. 17) Rabin von 9 N. 18) Krniany von 19 N. sammt 19) Sucha Lauka. 20) Hostieradiz (Hostiradicze) von 27 N. 21) Trzepczin von 21 N. 22) Neue Welt (Nowy Swět) von 11 N. 23) Steinerne Ueberfuhr (Kamený Přjwoz) von 4 N. mit einer Filialkirche unter dem Titel der heil. Ludmilla. Nicht ferne von diesem Dorfe war ehedem, wie uns Weleslavina berichtet, eine steinerne Brücke über den Fluß Sazawa gelegt, davon nur einige wenigen Merkmale noch heut zu sehen sind, und die gegen Kule gelegenen Berge wurden Czestnj oder Cjesnj genannt, weil am Fuße dieser Berge die Landstraße von Prag nach Oberösterreich geführt hatte e) 24) Borek von 21 N. 25) Augezdecz von 19 N. 26) Zambach von 3 N. 27) Chlistow ist zu Wietrow beygerechnet. 28) Chleb (Chleby) sammt 2 Freysassen von 16 N. 29) Dunawicze (Dunaw) von 15 N. 30) Kroczakow einschichtig, ist zu Teletin beygerechnet. 31) Lautj ist bey Stromecz zugezählet, der Mayerhof aber gehöret nach Jablan.

## Gut Jablan und Netluk.

Gehöret den Erben des im J. 1784. verstorbenen Ritters Johann Franz von Neuberg. Her gehören:

―――――――――――――
e) Gelas. Hist. T. 2. p. 202.

## Berauner Kreis.

1) Jablan, Jablany, Jablona v. 21 N. ein Dorf und schönes Schloß zwischen Moran und Networzitz 4 3/4 Meilen von Prag entfernt. 2) Nebržich mit einem Meyerhofe von 11 N. 3) Daleschitz (Daleziçze von 18 N. 4) Belez ein Hof. 5) Radiec gowicz ein Meyerhof. 6) Nebržich von 11 N. mit einem Meyerhofe.

7) Ntluk (Ntluky) ein Dorf mit einem baufälligen Schlosse und Meyerhofe, liegt eine Stunde von Networzitz, und 5 M. von Prag südwärts entfernt.

8) Bielitz (Bielicze) von 26 N. ein Dorf und eine Pfarrkirche unter dem Tit. der heil. Maria Magdalena, welche ehemals von dem Pfarrer zu Chlum administriret, gegen das Jahr 1732. aber auf ein sorgfältiges Beythun der edlen Frau Isabella von Knotek zu einer Pfarrkirche erhoben, und gegen das Jahr 1762. von den Grafen Millesimo prächtig erneuert worden ist. Her sind auch beygerechnet 9) Nauze und 10) Podhor. 11) Blažim von 26 N. 12) Baferner Mühle.

## Gut Krchleb.

Gehörte ehedem den Rittern Haugwitz v. Biskupitz, jetzt aber gehöret selbes dem Franz Adam Boržek Dohalsky Reichsgrafen v. Dohalitz, der sie nach dem Hintritte seines Vaters erblich übernahm. Derselben sind einverleibt:

1)

1) **Krchleb** (Krchleby) von 21 N. ein Schloß und Dorf zwischen Nerluk und Radicz 5 1/2 M. von Prag südwärts entlegen.

2) **Baborka** von 6 N.  3) **Chorka, Klein Chor**z von 3 N.  4) **Moran** ein Schloß jenseits der Moldau, samt 5) **Malczany** v. 9 N. machen einen Freyhof aus.

## Allodialherrschaft Konopischt.

Gehörte gegen die Mitte des drenzehnten Jahrhunderts den Hrn. Bechinie, dann vom 1311. Jahre den Herren Konopistsky von Sternberg a), die Konopischt bis zu Ende des sechzehnten Jahrhunderts im Besitze hatten. Diesen folgte der Herr Arkleb von Kunowicz Herr auf Böhmisch Brod, auf den Konopischt durch seine Gemahlinn eine Tochter des Hrn. von Sternberg erblich gekommen war, dann die Herren von Hodiegowa, welche zwey Karpfen in ihrem Stammwappen geführet haben. Bernard von Hodiegowa gesellte sich den protestantischen Ständen zu, die sich wider ihren rechtmäßigen König Ferdinand den zweyten empöret hatten, weswegen auch seine Güter nach der Schlacht am weißen Berge durch den königl. Fiskus eingezogen, und im J. 1622. an den Hrn. Albrecht von Waldstein käuflich überlassen worden sind

---

a) Bartoss. a. Gelas. Mon. T. I. p. 192. Weleri. & Lup. 25. April.

sind b). Nicht lange darauf trat Albrecht die Herrschaft Konopischt an die Grafen Michna von Waczinowa (Wrtzenau) ab c), von welchen sie abermal zu Anfang des jetzigen Jahrhunderts an die Grafen Prźehorzowsky, und von diesen bald darauf an den Hrn. Johann Joseph Reichsgrafen von Wrtby Oberstburggrafen, Ritter des goldenen Vließes, Obererbschatzmeister im Königreiche Böhmen, und Herrn der Herrschaften Schwamberg, Guttenstein, Zebau, Außel, Benitz, und Tenitz 1742. käuflich abgetreten worden ist d). Diesem folgte dessen Bruders Sohn Wenzel, der im J. 1762. den 29 May mit einem frühzeitigen Tode abgieng, und diese Herrschaft seinem Sohne dem jetzigen Besitzer Franz Joseph Reichsgrafen von Wrtby Ritt. des Großherzogl. St. Stephansord. v. Toskana, und Obersten Erbschatzmeister im Königreiche Böhmen, erblich überlassen hatte. Dieser Herrschaft sind einverleibt folgende Oerter:

1) Konopischt, Konopisstie, samt einem Meyerhofe von 21 N., liegt 5 1/4 M. v. Prag südwärts, ein schönes und ehedem sehr festes Bergschloß, welches noch im Jahre 1746. ringsherum mit einem tiefen Graben, sieben Thürmen, fünf Thören, und einer Hebbrücke versehen war; in gleichgesagtem Jahre aber wurde der halbe Graben samt dem daran stehenden Damm abgetragen, und der ganze Platz zu einem Zier- und Lustgarten verwendet. In der Schloß-

---

h) MS. et Paprocky de Urb.
c) Hammerschm Pr. Gl. Pr. p. 335. 736.
d) Ibidem. p. 720. 742.

Schloßkapelle unter dem Tit. des heil. Egidius Ab. ist im Jahre 1747. das hohe sowohl, als auch die zwey Seitenaltäre von dem berühmten Lazar Widmann verfertiget worden. Dieses Schloß hatte seine dermassen starke Befestigung hauptsächlich den Herren von Sternberg zu verdanken, welche nicht allein unzählige Güter in ihrem Besitze gehabt, sondern auch die ansehnlichsten Ehrenämter begleitet, und sich sowohl durch ihre Tapferkeit im Kriege, als auch durch eine ausnehmende Treue und Willfährigkeit gegen ihre Landesfürsten zu allen Zeiten höchst berühmt gemacht haben. Im Jahre 1420. focht Peter Konopistsky von Sternberg heldenmüthig bey Wischehrad für den König Siegmund wider die Hussiten, und opferte daselbst auf dem Wahlplatze sein Leben auf. Im Jahre 1457. wurde Zdenko Sternberg von Konopischt und Oberstburggraf im Königreich Böhmen nebst zweyen Bischöfen und einem zahlreichen Adel aus Böhmen, Mähren, und Oesterreich, die sämmtlich an der Zahl siebenhundert betragen haben, vom König Ladislaw beordert die königliche Braut Magdalena Karls des siebenten Königs aus Frankreich Tochter abzuholen, und nach Prag zu begleiten e). Nachdem diese Gesandschaft aber durch den frühzeitigen Tod des Königs fruchtlos geworden, kehrte unser Zdenko zurück, und wurde im Jahre 1462. von dem König Georg Podiebrad mit dem Prinzen Viktorin nach

Wien

e) Pulkav. a. Gesch. M. T. 4. p. 181. et Lupac. 18. Oct.

Wien abgeschickt, den Stolz der Wiener Bürger, die sich wider den Kaiser Friedrich empöret, und denselben in seiner Burg belagert hatten, zu demüthigen. Der König Georg folgte ihnen selbst nach mit acht Tausend seiner auserlesensten Truppen, und gab dieser gefahrvollen Empörung in kurzer Zeit eine so glückliche Wendung, daß sich die Widerspenstigen dem Ausspruche des Vermittlers unterworfen, und gewisse Bedingung angenommen haben f). Ungeachtet der Kaiser Georgen dießmal für seinen Retter erkennet, und in Ansehung dessen dem Königreiche Böhmen grosse Freyheiten eingeraumt hat, so unterließ er doch nicht nach der Zeit den H. Zdenko selbst nebst einer grossen Anzahl des übrigen böhmischen Adels wider Georgen aufzuwiegeln, und brachte es mit Beyhülfe des Pabstes, und des Königs aus Ungarn endlich dahin, daß die vornehmsten Herren in Böhmen Zdenko von Konopischt, Johann von Rosenberg, Burian Guttenstein von Rabstein, Bohuslaw Kruschina von Schwamberg, Johann Hradeczky, Leonard von Guttenstein und Klenau, Wilhelm Zagicz von Hasenburg, Johann Zagicz von Kost, Ilburg von Budenecz, Dobrohost von Prostebo und Horzow Tein, Dipold von Wartemberg und Ryzenburg, Wylharticzky, Wilhelm Probst von Rabecz, Jodok von Rosenberg Bischof zu Breslau, und mehrere andere an verschiedenen Oertern, als zu Krumau, Wittingau,

Stra=

---

f) Pulkavs ibidem. p. 183.

Strakonitz, Grünberg, und Kladrau öftere Zusammenkünfte gehalten, sich wider den König Georg verschworen, zu der Parthey Mathias Königs in Ungarn geschlagen, und allen Gehorsam und Unterwerfung gegen ihren König aufgegeben haben. Den Uebermuth dieser aufrührischen Herren zu dämpfen, rückte Georg Podiebrad im J. 1467. mit bewafneter Hand vor ihre Schlößer, eroberte, und zerstörte die meisten derselben. Ein gleiches Schiksal stund dem Schloße Konopischt vor, nachdem Georg dasselbe anderthalb Jahre lang belagert, und alle Zufuhr an Lebensmitteln verhindert hatte; allein die tapfere Gegenwehre der darinn liegenden Besatzung und die Gesandten aus Pohlen, welche eben zu rechter Zeit angelanget sind, und zwischen dem König, und dem unzufriedenen Adel einen Waffenstillstand unter gewissen Bedingungen zuwege gebracht haben, retteten dasselbe aus dieser drohenden Gefahr g). Im J. 1648. bemächtigte sich der schwedische Feldherr Arfwed Graf von Würtenberg dieses Schloßes, und warb hier während seines Aufenthaltes einen treflichen Schützen an, der sich in der Folge nahe an der prager Stadtmauer einen Thurm von Holz gebauet, und daraus täglich eine grosse Anzahl der prager Bürger, die sich auf den Schanzen blicken ließen, erlegt hatte. Diesem Uebel ferner zu steuern setzte die prager Generalität 10 Dukaten auf dessen Kopf. Worauf ein Schütz vom Kollo-

---

g) Ibidem. l. c. p. 183. seq. & Weleslav. 25 April.

## Berauner Kreis.

Kolloredischen Regiment so lange hinter der Mauer gelauert hat, bis ihm endlich das Glück gelungen, denselben von seinem Gerüste herabzuschießen h). Im Jahre 1742. rückte der König aus Preußen Friedrich der dritte mit einer Armee von mehr als vierzig Tausend Mann vor Konopischt, er selbst nahm das Quartier mit seiner hohen Generalität im Schlosse, nach verflossenen wenigen Tagen aber brach er von dannen wieder auf, und eilte der Stadt Prag zu.

2) Hurka bey Jarkowicz von 3 N. 3) Ondrzegowitz, oder Marianowicze, ein schön gebauter Meyerhof. 4) Kasarna ein Gasthaus. 5) Gyrowicze von 16 N. 6) Hanzlow, eine Mühle. 7) Podhag von 3 N. 8) Mislicz von 14 N. davon ein Hof der Stadtgemeinde zu Beneschau gehöret. 9) Radikowicze von 3 N. mit einem Meyerhofe. 10) Vorder Langenfeld mit einem Meyerhofe von 5 N. 11) Hinder Langenfeld (Dlauhý Pole) von 12 N.

12) Beneschau (Benessow) eine unterthänige Stadt von 225 N. liegt in einer schönen Ebene nahe an der Linzer Poststraße 5 1/4 M. von Prag südwärts entfernt. Die Bürger sind auch zum Theil der deutschen Sprache kündig: ihre Hauptnahrung besteht nebst dem gewöhnlichen Stadtgewerbe im Ackerbaue, der zur mittlern Klasse hier zu rechnen ist.

Das Stadtwappen besteht in einem achteckigen goldenen Stern in grünem Felde. Die ersten Besitzer

h) Acta Boem.

her dieser Stadt waren die Herren von Bechinie, die sich zwar in mehrere Nebenlinien als der Herr von Krawarz Sedlyczky von Beneschow, Mraczky oder von Dube getheilet, sämmtlich aber einem Pfeil in ihrem Stammwappen geführet, viele Güter im Besitze gehabt, und zugleich die ansehnlichsten Ehrenstellen in ihrem Vaterlande begleitet haben i).

Gegen das Jahr 1246 stiftete hier Tobias von Beneschow Probst an der prager Domkirche ein ansehnliches Minoritenkloster, und prächtige Kirche unter dem Titel Marien Himmelfahrt, die im J. 1257 durch den prager Bischof Nikolaus eingeweihet worden ist k). Nachdem Tobias diese Stiftung glücklich zu Ende gebracht, und mit reichlichen Einkünften versehen hatte, legte er sein Probstenamt nieder, entsagte selbst der bischöflichen Infel zu Prag, die der König für ihn bestimmt hat, und nahm das Ordenskleid in diesem Kloster an, wo er nach vier Jahren sein Leben im Rufe der Heiligkeit geendiget und in der für sich und seine Anverwandte errichteten Gruft beygeleget wurde l).

Von diesem Kloster, welches die Taboriten, wie wir in der Folge sehen werden, zerstört haben, ist jetzt

i) Balbin. Misc. L. 5. p. 46. Cruger. 4 Octob. Gelaſ. Hift. T. 5. Archiv. Monaſt. S. Jacobi Pragae.
k) Beneſſ. Gelaſ. T. 4. Mon. p. 23. et LL. Erect. Vol. 8. T. 7.
l) Cruger. 4 Octob. & Hammerſchm. Hiſt. Wiſchehrad. Bergh. in Protom. P. 1. p. 223.

## Berauner Kreis.

jetzt nur ein geringer Theil der ehemaligen Kirche zu sehen, aus dem man aber noch heut zu Tage auf die ehemalige Pracht und Feste des ganzen Gebäudes leicht schließen kann.

Im Jahre 1311 trat Tobias Bechinie von Beneschau prager Domherr mit Bewilligung des Königs Johann Konopischt und Beneschau nebst seinen übrigen Gütern an den Herrn Zdislaw von Sternberg erblich ab m). Diesen Sternbergen hat die Stadt Beneschau ihren blühenden Stand, in dem sie während dieser Besitzer war, zu verdanken, als welche dieser Stadt nebst vielen andern herrlichen Privilegien, auch einen achteckigen Stern mit Genehmhaltung des Königs in dem Stadtwappen zu führen erlaubt, und sich nebst andern Wohlthätern gegen dem neugestifteten Minoritenkloster ungemein freygebig bezeiget haben.

Im Jahre 1379 wies Zdenko von Sternberg mit Einwilligung seines Enkels Albert von Sternberg dem hiesigen Minoritenkloster zehn Schock Groschen jährlicher Einkünfte an, dafür die Geistlichen verbunden worden, jährlich nebst anderen Bedingungen eine gewisse Anzahl von Seelenämtern für seine verstorbenen Gemahlinnen Johanna und Katharina, wie auch für seine sämmtliche Verwandschaft zu verrichten n).

---

m) Hist. Diplom. MS. Fam. Sternberg.
n) LL. Erect. Vol. 2. H. 2.

Im Jahre 1409 den 26ten April schenkte Herr Stibor von Morawecz diesem Kloster ein Schock Groschen o), und im Jahre 1410 den 21 Febr. gab Herr Wilhelm Zostka von Postupiz demselben jährliche Einkünfte von zehn Schock Groschen, dagegen sich der Vorsteher dieses Klosters Nikolaus sammt dem ganzen Konvent verpflichtet hat, jährlich 576 Seelenämter für Wilhelms verstorbenen Vater und Mutter gebohrne von Zdeczyn, wie auch für dessen Gemahlinn gebohrne von Mirkow zu lesen p).

Bis jetzt genossen die Bürger einer gewünschten Ruhe, und sahen dem günstigen Glücke mit frohen Blicken entgegen. Nicht lange darauf aber schien beydes auf einmal zu verschwinden. Denn nachdem das Kriegsheer des Kais. Siegmund mit einigen tausend Mann Reichstruppen verstärket war, und sich im J. 1420 bey Königsaal gelagert hatte, schickten die Prager ohne Verzug ihre Abgesandten nach Tabor ab, und flehen die Taboriten um Hülfe an. Diese saumten nicht ihrem Begehren Genüge zu leisten, brachen schleunigst auf, und eilten der Stadt Prag zu. Da sie aber gegen Beneschau anrückten, wurde ihnen zwar der freye Durchmarsch nicht gestattet, doch schickte man ihnen aus der Stadt häufige Lebensmittel zu. So willfährig als man sich gegen die Taboriten bezeugte, so undankbar erwiesen sich dieselben gegen die

Bür-

---

o) Ibidem Vol. 8. T. 7.
p) Ibidem Vol. 9. G. 1.

Bürger. Kaum wurde das Zeichen zum Abmarsche gegeben, legten sie heimlicher Weise in der Stadt Feuer an, wodurch das prächtige Minoritenkloster, sammt der Pfarrkirche und etlichen Bürgershäusern eingeäschert worden sind q).

Im Jahre 1451 während der Pest in der Hauptstadt Prag wurde in dieser Stadt ein Landtag unter dem Vorsitze des Georg von Podiebrad gehalten, wo sich nebst den Herren von Neuhaus, Rosenberg, Sternberg, und Schlick eine große Anzahl des vornehmsten böhmischen Adels, und Aeneas Sylvius Rath und Geheimschreiber des Kaisers Friedrich, der nach der Zeit als römischer Pabst unter dem Namen Pius des zweyten erwählet worden, versammelt hatten. Es wurde in diesem Landtage hauptsächlich wegen der Verabfolgung des jungen Königs Ladislaw, wegen der Ernennung eines neuen Statthalters oder Königes von Böhmen, und Genießung des heil. Abendmahls unter beyden Gestalten gehandelt. Aeneas Sylvius gewann durch sein tugendsames Betragen das Zutrauen der gegenwärtig versammelten Herren, und wußte durch seine gründliche Beredsamkeit ihre Gesinnungen dahin zu lenken, daß sie einstimmig bewilligten, der Kaiser könnte den jungen Prinzen noch eine Zeitlang bey sich behalten, und ihn mit sich nach Italien nehmen, doch mit dieser Bedingung, daß ihn einige aus dem böhmischen Adel auf dieser Reise begleiten sollten r).

q) Hagek z. A. 1420 Cruger. 4 Oct. & Paproc. de Urb.
r) Aeneas Sylv. Gelaf. Prodr. p. 169. & Adam J. Münzb. T. 2. p. 248.

Während der hussitischen Unruhen, da nun die Bürger ihrer sämmtlichen katholischen Geistlichkeit beraubet waren, verwarfen sie auch die Lehre der römischen Kirche, und traten zu der Sekte der Pikarden über, die man auch sonst insgemein die böhmischen Brüder, oder auch die Bunzlauer, Kunwalder, Hraniczer, oder Bulzer nannte, von den verschiedenen Gemeinden, welche sie in vielen Städten Böhmens und Mährens hatten. Diese Lehre verbreitete sich in dieser Gegend mit einem dermaßen schleunigen Erfolge, daß die Pikarder in dieser Stadt ein geistliches Gericht für ihre Glaubensgenossene errichteten, welches sie erst gegen das J. 1500 nach Jungbunzlau überlegt haben. Nachdem aber die Pikarden durch wiederholte scharfe königliche Befehle aus ganz Böhmen verwiesen worden sind, griefen die Bürger nach allerhand Irrlehren, und ertheilten allen fremden Sektirern, die Katholiken allein ausgenommen, das Bürgerrecht.

Indessen aber lief die Schlacht am weißen Berge für die Katholiken glücklich ab, worauf sich die sämmtlichen katholischen Herren sorgfältigst bemühet haben alle Irrlehren zu verdrängen, und die reine katholische Lehre bey ihren Untergebenen wieder herzustellen.

Zu diesem Endzwecke rief Paul Michna Herr auf Konopischt, Beneschau und Nerworžicz, etliche Geistliche aus dem Orden der Gesellschaft Jesu herbey, durch deren geistreiche Belehrung und Glaubensunterricht 383 größtentheils Bürger sich dahin bewegen ließ-

ließen, 1624 im Monate Julii ihre Irrthümer abzuschwören, und die katholische Lehre anzunehmen s)

Nichtweniger ist hier merkwürdig jener Auftritt, der im Jahre 1446 in dieser Stadt mit dem Kardinal Paul Karwajal vorgegangen war. Dieser päbstliche Legat wurde von Pabst Eugenius IV. nach Prag abgeordnet, die Zwistigkeiten, welche sich zwischen den Kelchnern und Katholiken angesponnen haben, beyzulegen. Da aber alle Unterredungen mit Kokiczanen und den Magistern der Utraquisten fruchtlos abgelöffen waren, und selbe sich stets auf die Basler Kompaktaten berufen und gestützet haben, bat der Kardinal solche in der Urschrift zu sehen. Kaum wurden ihm dieselben eingehändiget, ließ er alles einpacken, und trat seine Rückreise nach Wälschland unter der Begleitung einer starken Mannschaft, welche ihm die Herren von Rosenberg mitgaben, schleunigst an.

Man erfuhr aber noch den nämlichen Tag das Unternehmen dieses Kardinals, und schickte ihm ohne Verweilen die Herren Peter von Sternberg und Przibik von Klenau mit vier hundert Mann nach, die ihn in der hiesigen Stadt eingeholet, und die Kompaktaten wieder auszufolgen genöthiget haben.

Die hiesige Pfarrkirche unter dem Titel des h. Nikolaus, und Patronatsrechte der Besitzer von Kono-

---

a) Hist. S. J. P. 3. L. 4. p. 575.

nopifcht, wurde schon im Jahre 1070 eingeweihet, t) und kömmt in den Errichtungsbüchern schon auf das Jahr 1384 als Dechantkirche vor. Im Jahre 1398 den 9ten Jan. errichtete Albert von Sternberg in dieser Kirche einen Altar unter dem Titel der heil. Apostel, und der heil. Dorothea, und stiftete dabey einen Kaplan auf immerwährende Zeiten u). Man trift in dieser Kirche fünf zinnerne Särge an, darinn, wie einige muthmassen, etliche aus den Herren von Hodicyowa, und Hrzan von Haras beygelegt sind.

Es ist hier noch zu merken das Kollegium des Ordens der frommen Schulen, welches von dem Grafen Franz Karl Pržehorzowsky, Reichsgrafen von Quaßegowitz, königl. Statthalter, des größern Landesrechts im Königreiche Böheim Beysitzer, und Herrn der Herrschaften Dobržegowitz, Kamenitz, Suritz, Konopischt, Petrowitz, Benitz, u. Teinitz, im J. 1703 angelegt, bald darauf aber, nachdem diese Herrschaft an die Grafen von Wrtby käuflich gekommen ist, vom Johann Joseph Reichsgrafen von Wrtby, sammt einer nieblichen St. Annakirche, darinn sowohl mein Vater Johann Georg Schaller, der 1755 in Oktober, als auch meine Mutter Maria Anna gebohrne Muster, die 1754 im Monat Jänner das Zeitliche gesegnet hatte, in der Gruft beygelegt ruhen, völlig zu Stau-

---

t) Histor. MS. Illm. Fam. Sternberg a Gelaſ. Hiſt. T. 5. p. 406.
u) L. L. Erec. Voh 5. F. 1.

Stande gebracht, und mit einem förmlichen Stiftungsbriefe versehen worden ist w)

Dieses Kloster war ehedem mit einem Gymnasio der niedern lateinischen Schulen versehen, vom Jahre 1780 aber, in welchem nur ein Gymnasium allein für einen jeden Kreis gestattet wurde, wird hier nur in den Normalschulen der Unterricht bis in die dritte Klasse gegeben.

Nächst an diesem Kloster ist eine öffentliche Kapelle unter dem Tit. des heil. Joh. v. Nep. angelegt. Die Kirche unter dem Tit. der heil. Elisabeth liegt an dem Stadtspital, darinn acht Personen beyderley Geschlechts unterhalten werden. Der Stadtgemeinde gehört das Dorf Bedrcž, sammt Meyerhofe von 14 N. und die Mühlen Plihal und Raczek.

13) Petraupim von 34 N. darunter sieben Freysassen sind, und eilf Bauernhöfe der Stadtgemeinde zu Beneschau gehören.

14) Petraupecz von 11 N. mit einem Freysaße. 15) Sebratecz von 7 N. 16) Kochanow v. 9 N. 17) Lhota Raczowa von 19 N. darunter etliche Freysassen sind.

18) Wlkow von 9 N. 19) Soblehrd von 21 N. Ein Theil der hiesigen Gemeinde, die sich zur helvetischen Konfeßion bekannte, wurde 1783 mit eigenem Prediger versehen. 20) Groß Žinian von 11 N. 21) Klein Žinian von 10 N. 22) Plchow, Phow
von

---

w) Ex Archiv. Coll. Beneschov.

von 7 N. 23) Mezyborž von 17 N. 24) Ober Mratsch, hořegssj Mracže von 30 N. 25) Unter Mratsch, Podmracž sammt dem Meyerhofe v. 5 N. und einem verfallenen Schlosse, gehörte im Jahre 1571 dem Herrn Johann von Selnberg und Kost, x) und im Jahre 1689 dem Grafen Johann Franz von Wrbna und Freudenthal Oberstburggrafen in Böhmen, und Herrn der Herrschaften Fulnek, Paskow, Stauding, und Mracž y).

26) Čzerčzany sammt Mayerhofe von 20 N. 27) Lsstien von 21 N. Nahe bey diesem Dorfe liegt auf einem Berge eine Filialkirche unter dem Tit. des heil. Klemens M. die 1384 mit eigenem Pfarrer versehen war. Es werden daselbst Menschenbeine und Zähne, die von einer ungewöhnlichen Größe sind, als eine Seltenheit aufbewahret. Die große Thurmglocke bey dieser Kirche führet folgende Aufschrift: Leta Panie 1601 tento Zwon pod Tytulem Marie Panny gest slyty nákladem wssech Osadnjku Kostela S. Klimenta, genž na Hradisstj a Miesteczkem Lsstienj nad rjekau Sazawau za diediczných Panů téch cžasu P. P. Adama mladssjho z Walsstcyna na Hradku nad Sazawau a Lowosyczých, G. M. C. Raddy a Komornjka puwodem P. Waczlawa Chotskcho z Robrtkowicz Aurzednjka na Hradku nad Sazawau.

28)

---

x) Prager Landtag.
y) Hammerschm. Pr. Gl. Pr. p. 727.

28) Jlenicze ein Meyerhof. 29) Porzicz 4 1/2 Meile von Prag sürwärts an der Linzer Poststraße und dem Flüße Sazawa gelegenes Dorf von 54 N., wovon vier Bauernhöfe nach Pischely, und einer dem Beneschauer Spitale gehöret, mit einer Pfarrkirche unter dem Tit. des heil. Gallus Abt, welche schon auf das J. 1384. unter dem Namen Berzicz in den Errichtungsbüchern vorkömmt, und im J. 1745. durch einen reichlichen Beytrag des Hrn. Wenzel Reichsgrafen von Wrtby verneuert, und mit prächtiger Bildhauerarbeit von dem geschickten Meisel des berühmten Hrn Lazar Widmann gezieret wurde. Bey dieser Kirche liegen etliche aus dem Geschlechte der Hrn. Tozicze von Bamberg begraben (a LL. Erect. Vol. 8. M. 9.) Am Ende dieses Dorfes lieget auf einer kleinen Anhöhe die Filialkirche zu St. Peter. In dieser Kirche ließ Pawlik ein Müller im Jahre 1402. den 14. May einen Altar unter dem Tit. des heil. Stephan M. errichten z). Im Jahre 1420. nachdem die Taboriten Beneschau in Brand gelegt, rückten sie von dannen weiter gegen Prag zu, und lagerten sich bey Porzicz dießseits der Sazawa. Hier wurden sie den 20. May von den Herren Wenzel von Lestna, Sternberg von Konopisst, Johann Swidniczky, und Albrecht von Donin überfallen. Die Kaiserlichen feuerten auf die Taboriten stark

los,

---

z) LL. Erect. Vol. 6. D. 7.

los, und erlegten eine ziemliche Anzahl derselben; da sie aber gesehen, daß sie wegen häufigen Gestrip den Taboriten nicht recht beykommen könnten, und zugleich in Gefahr stunden von denselben umringet zu werden, zogen sie sich bey Zeiten wieder zurück. aa).

Im Jahre 1764. bey angehendem Frühjahre rieß der ehemalige unter Konopischt im Phasangarten gelegene Teich ab, schwoll den Jarkowitzer Bach dermassen an, daß er eine grosse Ueberschwemmung verursachet, und zu Porzicz zwischen dem Pfarrhause und der Kirche eine Mühle, das Schulhaus nebst etlichen andern Häusern mit sich weggenommen hatte.

30) Hurka bey Wietrow von 2 N. 31) Hwozdecz von 10 N. zum Theil nach Pischely gehörig. 32) Wietrow von 4 N. 33) Pomnlenicze von 2 N. ein Meyerhof nahe an dem Walde Tužinka. 34) Kostelecz an der Sazawa (nad Sazawau) von 14 N. hat diesen Namen ererbet von dem ehemal festen, jetzt aber verfallenen Schlosse Kostelecz, welches diesem Dorfe entgegen jenseits der Sazawa liegt. Dieses Schloß hat Wladislaw der zweyte nach Hageks Berichte im J. 1154 dem Udalrich Herzog Sobieslaws Sohne, der mit Danielen prager Bischofe vom kaiserlichen Hofe wieder nach Prag gekommen war, geschenket, bb) und ihm alles

---

aa) Hagek a. h. A.
bb) Hagek a. A. 1154.

all:s gütig vergeben, was dieser Udalrich ehedem wider ihn feindselig unternommen hatte, um sich dadurch die Gunst des Kaisers Friedrich desto sicherer zu erwerben. Nach der Zeit verfiel dieses Schloß in die Hände des Hrn. Buneß von Kozkoß, der ein starker Anhänger des Hrn. Meinhard von Neuhaus Mitregenten in Böhmen war. Diesem Meinhard wurde im J. 1444. Georg von Podiebrad nach dem Hintritte des Praczek von Lippa an die Seite gestellet. Nachdem aber Georg an Meinharden einen starken Widersacher seiner Gesinnungen, und zugleich einen eifrigen Vertheidiger der Katholiken gefunden hat, traf er endlich das Mittel denselben aus dem Wege zu räumen, und auf dem Schloße Podiebrad festzusetzen. Diesen wider Meinharden begangenen Unfug zu rächen, rief dessen Sohn Ulrich von Neuhaus die Herren Johann Teleczky, Rosenberg, Bedržich von Kolin, Friedrich Kollowrat von Bustiewes, und Buneß Koykoß von Kostelecz auf seine Seite, und lagerte sich vor Podiebrad. Georg säumte nicht an der Spitze seines Heeres sich zur Gegenwehre zu stellen, trieb diese Herren von Podiebrad weg, eroberte im Jahre 1450. das Schloß Kostelecz, und schenkte selbes dem Hrn. Zdenko von Sternberg, dann zog er auf Bustiwes los, dessen Besitzer sich Georgen ergeben, ihm eine ewige Treue geschworen, und Meinharden aus dem Gefängniß losgebeten hatte cc). Nachdem aber Zdenko von Stern-

---

cc) Pulkava s. Gelas. Mon. T. 4. p. 178.

Sternberg sich für einen Feind des Königs Georg Podiebrad erkläret hat, rückte Podiebrad im Jahre 1467. abermal vor Kostelecz, eroberte dasselbe, und ließ es schleifen dd).

35) Peczerad von 25 N. 36) Teinitz (Teyncz) Tenicze ein Dorf und Meyerhof von 9 N. liegt 4 1/2 M. v. Prag südwärts, und ist mit einer Kirche unter dem Tit. der heil. Ap. Simon und Judas versehen, die zwar schon im J. 1384 mit eigenem Seelsorger versehen war ee), zur Zeit der hussitischen Unruhen aber wurde sie desselben beraubt, dann nach Beneschau einverleibt, und im J. 1722. auf das Verlangen des Hrn. Johann Joseph Reichsgrafen von Wrtby abermal zu einer Pfarrkirche erhoben, endlich im Jahre 1755. durch einen reichlichen Beytrag des Hrn. Johann Georg Schaller meines lieben Vaters, ehemaligen Oberdirektors auf der Herrschaft Konopischt erneuert, und mit einer neuen Orgel gezieret. Im Jahre 1762 ließ hier Maria Anna verwittwete Reichsgräfinn von Wrtby, gebohrne Reichsgräfinn von Klenau Freyinn von Janowitz nächst an dem verfallenen Bergschloße, welches allem Ansehen nach seine Zernichtung gleichfalls Georgen von Podiebrad zu verdanken hat, ein schönes Schlößchen aufführen, wo sie die meiste Zeit ihres Wittwenstandes zugebracht hat. Dieses Dorf gehörte im vierzehnten und funfzehnten

---

dd) Idem. l. c. p. 184. et Theob. in Hussit. P. 1. c. 8. p. 92.
ee) LL. Erect.

zehnten Jahrhunderte dem Hrn. v. Medek (Ibidem Vol. 12. G. 10. 11. 12. Vol. 8. R. 3.)

37) Podielus von 9 N. 38) Charzowicze von 19 N. 39) Krußiczany (Kruſwiczany) von 20 N. Zwiſchen dieſen zweyen Dörfern war ehedem ein herrſchaftlicher Meyerhof unter dem Namen Malenſto, derſelbe aber iſt vor einer geraumen Zeit raſiret, und die hierzu gehörigen Felder, theils dem Benitzer Meyerhofe zugeſchlagen, theils unter die Unterthanen zu Chraſchtian, Kruſchiczan, und Chaczowitz getheilet worden.

40) Benicze ſammt einem Meyerhofe v. 3 N. 41) Sobiſſowicze mit einem Freyſaſſe von 10 N. 42) Auſticze von 10 N. ſamt 3 Freyſaſſen. 43) Czernikowicze von 19 N. 44) Groß Chwogen ſamt Meyerhofe von 5 N., war ehedem mit einer Kirche unter dem Tit. des heil. Ap. Jakob verſehen, welche auf das 1406. Jahr in den Errichtungsbüchern vorkömmt. (LL. Erect. Vol. 7. F. 7.)

45) Klein Chwogen (Chwoginecz) ſammt 2 Freyſaſſen v. 16 N. mit einem verfallenen Schloſſe, u einer Filialkirche unter dem Tit. des h. Wenzel, welche im J. 1384. mit eigenem Seelſorger beſetzet, und im J. 1390 unter des Herrn Przedocha, dann des Herrn Cztibor von Neweklow Patronatsrechte geſtanden war. (L. L. Erect. Vol. 12. C. 18.) 46) Semowicz von 9 N. davon drey nach Tloskau gehören.

47) Neſtieticze von 14 N. 48) Hurka bey Jarkowicz von 3 N. 49) Tiſem von 20 N. 50) Przibiſſicze von 18 N. darunter 9 Freyſaßen ſind. 51)

Jar-

Jarkowice von 7 N. an einem Bache gleiches Namens, der ehedem Byſtra genannt wurde. Dieſer Bach entſpringt unter Biſtrzitz aus dem Abfalle mehrerer Teiche, nimmt bey Groß Chwogen den Chlumezer oder Kozler Bach auf, lauft bey Konopiſcht dem Dorfe Porzicz zu, wo er ſich in dem Fluſſe Sazawa verlieret. 52) Wacíekow v. 6 N.   53) Kozly von 2 N. führet den Namen von dem nahe an dieſem Dorfe liegenden verfallenen Schloſſe Kozly, welches im Jahre 1435. dem Herrn Beneß von Duba zugehörte, ff) und vermutlich aus den oben bey Konopiſcht angeführten Urſachen im Jahre 1467 von Georg Podiebrad zerſtöret worden iſt.

54) Waczlawicze (Wladiſlawicz) jetzt ein Dorf von 32 N. mit einer Kirche unter dem Tit. des heil. Wenzel, ehemal aber dem Herrn Ulrich von Koſtelecz zuſtändiger Flecken, dazu die Dörfer Kruswiczany, Wrocznialotpta, Sabowreſt, Sbosnalotpta, Bukowskalotpta, und Lacznicze gehörten; heut zu Tage werden dieſe Dörfer: Bruſſiczany, Aurocznice, Zabowrzeſt, Zboznicz, Bukowany genannt; Lacznicze erſcheint nicht mehr auf der Landkarte, es ſey nur, daß das heutige Leſchan darunter zu verſtehen wäre. Im Jahre 1342 kauften ſich die Einwohner dieſes Flecken mit Genehmhaltung Kaiſer Karl des vierten mit ſechs hundert Schock prager Gr. los, worauf ihnen kraft eines Majeſtätsbriefes unter 25 Nov. die Privilegien der größern Stadt Prag
zu-

ff) Bartoſſ. a Gelaſ. Mon. T. 1. p. 192.

zugestattet wurden, mit solcher Bedingung, daß selbe jährlich 3 Schock prager Gr. der königlichen Kammer zu entrichten verbunden wären gg).

55) Zawobřžest von 7 N. 56) Zbožnicz von 5 N. 57) Chrassttiany von 21 N. an einem unbenannten Bache, der nächst Klein Chwogen aus einigen Teichen entsteht, und unter Tetnitz in die Sazawa fällt. 58) Chlistow von 4 N. 59) Hrussecz (Hrussicze) oder Hamry von 5 N. 60) Aurocznicze von 14 N. 61) Wydlakowa Lhota sammt Meyerhofe von 11 N. gehörte ehemal den Herren von Schönfluk, die es an die Herrschaft Konopischt käuflich abgetreten haben. 62) Lhota Bukowa von 10 N. 63) Bukowany von 29 N. 64) Czytrkoly mit einer Mühle von 19 N. 65) Bohuschitz (Bausicze) von 8 N. gehört zum Theil der Stadtgemeinde zu Beneschau. 66) Doloplaz von 2 N. 67) Maržit eine Mühle. 68) Rozmicze von 21 N. mit einer Kirche unter dem Titel des heil. Jakob, die im Jahre 1384 ihren eigenen Pfarrer hatte hh). Führt den Namen von dem verfallenen Schlosse Rozmicz, davon noch einige Rudera und mit Sumpf angefüllte Graben zu sehen sind.

69) Brodecz von 2 N. 70) Chrast von 20 N. nebst einer Kirche unter dem Titel der heil. Katharine, die im Jahre 1384 mit eigenem Seelsorger bese-

---

gg) Dipl. in Vita Caroli IV. aFranc. Pelzel N. XXVIII.
hh) L. L. Es.

setzet war ii). 71) **Krhanicze** von 24 N. nebst einem Freysasse. 72) **Pozary** ein Meyerhof. 73) **Proseczhicze**, **Proseczka** von 4 N. 74) **Czakowicze** von 23 N. 75) **Ledec** von 2 N. ein Meyerhof und eine Kirche unter dem Titel des h. Ap. Bartholomäus. 76) **Stadtel** (**Miesteczko**) von 10 N. davon etwas nach Pischely gehöret. 77) **Nespek** (**Nespeky**) an der Linzer Poststrasse von 18 N. mit einer k. k. Poststation, von dannen eine Post bis Bystrzitz, und eben so viel bis Jessenitz gerechnet wird. Drey Bauernhöfe davon gehören nach Pischely.

78) **Jawornjk** von 14 N. 79) **Dubsko** von 8 N. 80) **Passowka** und 81) **Důl**, sind einschichtig, 82) **Hohen Lhota** (**Wyska Lhota**) von 4 N.; gehörte zu Anfang des jetzigen Jahrhunderts dem Herrn Anton Lhoták, der nicht lange nach der Antretung dieses Guts in die äußerste Schwermuth verfallen ist, und sich selbsten an einem Brunnen nicht ferne von dem Schlosse mit einer Pistole das Leben geraubt hat. Diesem folgte dessen Bruder, der aber dieses Gut bald darauf an den Karl Dawid käuflich überließ. Dieser Dawid, von dem auch dieser Ort insgemein Dawidowa Lhota genannt wird, war eines Fleischers Sohn von Prag, den ein schimmerndes Reichthum zum Stolz, und verschiedenen großen Ausschweifungen verleitet hatte. Er machte sich im Jahre 1741 während des Bayerischen Einfalls in Böhmen durch seine schändlichen Ränke, und Aufwiegelung des Volks wider

ii) L. L. Erec.

der die seligsten Andenkens K. Königinn Marie Theresie eben so bey den Böhmen, als Herostrat durch die Eindäscherung des berühmten Ephesinischen Tempels bey den Griechen bekannt, und wurde deswegen von dem Churfürsten aus Bayern in den Ritterstand erhoben, und zum Kreishauptmann bestellet. In diesem Amte ließ er sich noch mehr angelegen seyn, die Vortheile des Churfürsten zu befördern, und das sämmtliche Volk wider ihre rechtmäßige Königinn aufzuhetzen. Nachdem aber die ganze Sache endlich im Jahre 1743. für Marien Theresien glücklich ausgefallen, wurde David seines groben Verbrechens wegen festgesetzet, und zum Schwert verurtheilet. Der bestimmte Tag seiner Hinrichtung war bereits am 28. Juny angekommen, er bestieg die Gerichtsstätte ganz entschlossen, verband sich die Augen selbst, und erwartete den letzten Streich des Scharfrichters. Allein Maria Theresia, die sich aus der ihr angebohrnen landesmütterlichen Güte vorgenommen hatte, niemanden an Leben zu strafen, ließ auch diesem Staatsverbrecher durch einen Appellazionsrath Gnade zurufen. David wurde hierauf nach Spielberg überbracht, wo er den Rest seines Lebens zubringen mußte, sein Gut Chora aber wurde an den königl. Fiskus gezogen, und in kurzer Zeit darauf an die Herrschaft Konopischt käuflich überlassen.

Allo-

**Berauner Kreis.**

## Allodialherrschaft Tloskau.

Gehörte im Jahre 1569. dem Hrn. Adam Rzepa von Neweklau a), dann verfiel selbe auf die Herren von Hodiegowa b). Nach der Schlacht am weißen Berge aber wurde Smil v. Hodiegowa als Empörer seiner Güter Tloskau, Marschowitz, und Wlksitz verlustig, welche im J. 1621. Hr. Paul Michna um 50000 Sch. Gr. käuflich übernommen hatte c). Im J. 1687. hielt diese Herrschaft Wenzel Karl Reichsgraf Cžabeliczky, Freyherr von Seutitz, Herr der Herrschaften Tloskau und Kundratitz, Hauptmann der neuen Stadt Prag im Besitze. Diesem folgten die Grafen Kolloredo, aus welchen Hieronym von Kolloredo Graf zu Walsee, Herr der Herrschaften Opoczna, Tloskau, Stacz und Welin, Oberstlandesrichter, dann Landeshauptmann im Markgrafthum Mähren, und letztlich Statthalter von Mayland, bey unserm Hammerschmied auf das Jahr 1708. vorkömmt d). Endlich kam diese Herrschaft käuflich an den Grafen Joachim Pachta, den die Franzosen im Jahre 1742. als Geisel von Prag mitgenommen haben. Das hohe Alter dieses Grafen gestattete ihm nicht die Ungemächlichkeiten dieser Reise zu überstehen, er starb nicht weit von Prag

a) Prag. Landtag n. J.
b) Prag. Landtag vom J. 1615.
c) MS.
d) Prod. Gl. Prag.

Prag, und überließ diese Herrschaft seinem Sohne, dem jetzigen Besitzer Erneſt Karl, Reichsgrafen von Pachta Freyherrn von Rayhofen erblich. Derſelben sind einverleibet:

1) Tloſkau (Tloſkow) von 7 N. ein Dorf und schönes Schloß mit einem wohlangelegten Garten, Meyerhofe und einer Lindenallee, die bis Neweklau fortgesetzet iſt, liegt 5 1/2 Meile von Prag südwärts entfernt.

2) Herotiz, Hurauticze, ein Meyerhof. 3) Borowka, ein Wirthshaus. 4) Kaſſawitz (Kaczlawicze) von 14 N. 5) Mjkowicze mit einem Meyerhofe von 14 N. 6) Radimetz (Ratimecz,) einschichtiger Hof, gehöret dem Paul Adam. 7) Dubowka von 8 N. 8) Brzewnicze von 4 N. 9) Neweklau (Neweklow) ein Flecken von 93 N. ganz nahe an Tloſkau 5 1/2 Meile von Prag südwärts gelegen. Gehörte zu Ende des dreyzehnten Jahrhunderts dem Hrn. Heinrich von Roſenberg, der ihn im Jahre 1285. den 3. März an die Chorherren in Zderas zu Prag für dreyhundert Mark Silbers verkaufet hat. Nach empfangener Summe von 260. Marken, schenkte er ihnen den Reſt von 40 M. mit solcher Bedingung, daß sie verbunden wären ihn zu dreymalen, da er nach Prag kommen wird, mit seinem ganzen Gefolge von zwanzig Perſonen drey Tage lang koſtfrey auszuhalten c). Im Jahre 1564. den 12. Jänner ertheil-

---

c) Hammerſchm. l. c. p. 281.

te Kaiſ. Ferdinand der erſte auf Anverlangen des Hrn. Adam von Rzepa dieſem Flecken die Freyheit alle Jahr zwey Meſſen, und wohentlich am Montag einen Markt zu halten f).

In der hieſigen Pfarrkirche unter dem Tit. des h. Gallus Ab., und Patronatsrechte der Tloſkauer Obrigkeit, die ſchon im Jahre 1384. mit einem eigenen Seelſorger verſehen war, wurde im Jahre 1399. ein Kaplan auf immerwährende Zeiten geſtiftet durch die Herren Heinrich von Tloſkau, Czribor von Neweklau, und Jakob Genecz von Rzehowitz, welche zu dieſen Zeiten das Patronatsrecht über dieſe Kirche gemeinſchäftlich ausgeübet hatten g).

10) Sageczy von 9 N. 11) Dlauha Lhota von 17 N. 12) Bezowicze, Bezegowicze, mit einem Meyerhofe von 3 N. 13) Neſwaczil von 43 N. mit einer geraumen Kirche unter dem Tit. der Kreuzerhöhung. 14) Ziwohauſt, Siwohoſt, Ziwohauſtka von 13 N., davon 7 nach Alt Knin gehören, mit einer Kirche unter dem Tit. der heil. Fabian und Sebaſtian, die im Jahre 1384. mit eigenem Pfarrer beſetzet war h); jetzt aber wird ſelbe von einem Lokalkaplan aus dem ritterlichen Orden der Kreuzherren mit rothem Stern verſehen. Im Jahre 1141. da der Herzog Wladiſſaw II. mit ſeinem Sohne Wladiſlaw die Weihnachtsfeyertäge in die-

---

f) Dipl. Ferd. I. a. Paproc. de Urb. p. 237.
g) LL. Erect. Vol. 5. M. 2. Vol. 13. V. 7.
h) LL. Erect.

diesem Dorfe abgewartet hatte, ergrief dieser Prinz am 25. Dezember mitten in der Nacht die Flucht, und begab sich mit einem kleinen Gefolge zu seinem Onkel Bela Könige in Ungarn i). Im Jahre 1271. den 14. October schenkte die Königinn Kunegund des Königs Ottokar Gemahlinn die Kirche zu Drzewnik nebst den dazu gehörigen Kirchen zu Wladislawicz und Ziwohaust samt dem Patronatsrechte und allen übrigen Gerechtsamen den Kreuzherren an der prager Brücke k). Zur Zeit der hussitischen Unruhen gehörte dieses Dorf dem Hrn. Nosak von Nosakow, wie es die Aufschrift des zinnenen Taufbrunnen, und ein noch von jenen Zeiten hier aufbewahrtes Kirchenrechnungsbuch beweisen.

Bey diesem Dorfe sind mehrere zerstreute Häuser, die mit eigenem Namen beleget werden, als: 15) Žlbeczky, 16) Sucholufsy, 17) Hradniczky, 18) Blaubsky, 19) Nowomleinsty, 20) Neue Mühle, liegt an dem Radiczer Bache. Jenseits dieses Baches, wo sich derselbe bald in die Moldau stürzet, trift man das ehedem sehr feste, jetzt aber zerstörte Bergschloß. 21) Ostromecz oder Wostromecz, welches von den Benachbarten auch Hradnicze genannt wird. Balbin legt dessen Erbauung dem Herzog Nnata auf das Jahr 784. bey, und versetzet dasselbe ohne Grund in den Bechi-

ner

---

i) C. Cosmae Metrop. p. 334.
k) Urkunde a Beczkovsky Hist. Boem. P. I. f. 425.

ner Kreis l), worinn ihm auch einige aus den jetzt lebenden Chronisten gefolgt sind. Im Jahre 1436 wurde dem Hrn. Ptaczek von Lippa, und Beneß von Duba auf dem prager Landtage aufgetragen die unbändigen Taboriten mit bewafneter Hand anzugreifen, und ihre Besatzungen aus den festen Schlössern, die sie bereits unter ihre Gewalt gebracht haben, zu vertreiben. Ptaczek und Beneß nahmen diesen Auftrag ohne Anstand an, riefen den Hrn. Jakubek von Božegow Burggrafen auf Konopischt, und den Hrn. Niklas von Zwikow samt den Truppen des Hrn. Udalrich von Rosenberg auf ihre Seite, und rückten im besagten Jahre den 17. März vor Ostromecz. Während der Belagerung stießen noch zu den ständischen Truppen den 25. April Aleß von Sternberg sonst von Holicz genannt, Herr auf Hradek, und Hr. Jenizo von Petersburg mit funfzig Reitern, und 200 Fußgängern. Den 15. May darauf wurden sie noch darüber mit des Hrn. Hanuß von Kollowrat Kriegsmannschaft, die aus 35 Reitern, und 300 Fußvolk bestand, verstärkt. Am 25. May wagten die landesständischen Truppen einen heftigen Sturmlauf auf Ostromecz, eroberten selbes nach einem grossen Widerstande glücklich, nahmen die ganze Besatzung gefangen, und verwandelten das Schloß in einen Steinhaufen m). Wenn Balbins Nachrichten richtig sind, daß dieses Schloß noch im sechzehnten Jahrhunderte bewohnt wurde, so

muß-

l) Balbin. Misc. L. 3. c. 8.

m) Bartoss. a. Gelas. Mon. T. 1. et Beneß. Gelas. Mon. T. 4.

so mußte daſſelbe nach der Zeit wieder hergeſtellet worden ſeyn n).

22) Lipky, Lipka von 5 N. gehöret zum Theil nach Konopiſcht. 23) Biſtritz, Byſtrzicze, ein im J. 1764. dem Berauner Kreiſe einverleibter Marktflecken von 91 N., davon 2/5 noch Liſchna gehöret, liegt 6 M. von Prag an dem Bache Byſtra und an der Linzer Poſtſtraſſe, iſt mit einer k. k. Poſtſtazion verſehen, von dannen man eine Poſt bis Neſpek und eben ſo viel bis Woſitz rechnet, und führet im Wappen einen Ochſen. Die Hauptnahrung der Bürger beſteht nebſt dem gewöhnlichen Stadtgewerbe im Ackerbaue, welcher der hieſigen bald flachen, bald aber bergigen Gegend nach, theils der erſten, theils der dritten Klaſſe beyzurechnen iſt. Doch ſparen die hieſigen Bürger keine Mühe dieſem Fehler abzuhelfen, durch das Herbeyholen eines ſchwarzen Mertels aus dem eine halbe Stunde von hier entlegenen Walde Plchowka, der nach angeſtelltem fleißigen Verſuche als ſehr vortheilhaft zur Verbeſſerung des Ackerbodens von allen Wirthſchaftskundigen angerühmet wird.

Die 1666 wieder neuhergeſtellte Pfarrkirche unter dem Titel der heil. Ap. Simon und Judas, und alternativen Präſentationsrechte der Tlosſauer und Liſchner Obrigkeit, kömmt in den Errichtungsbüchern ſchon auf das 1384 Jahr als Pfarrkirche vor. Im Jahre 1398 den 22 Jän. ſchenkte die edle Frau Margareth Daba von Leſtna gebohrne von Zwirzeticz, und ihre

vier

---

n) Balbin. Miſc. L. 3. c. 8.

vier Söhne Andreas, Haßek, Benesch, und Wenzel zu dieser Kirche 14 Schock und 2 Groschen, mit solcher Bedingung, damit der Pfarrer einen Kaplan und eine Lampe in derselben auf immerwährende Zeiten unterhalte o).

24) Petrowicze von 3 N. ein Meyerhof. 25) Radossowicze (Radessowicze) von 12 N. davon 2 dem Beneschauer Stadtspitale, und eins nach Tworschowitz gehöret. 26) Zahradka von 14 N. 27) Zderaticze von 21 N. 28) Zahorzy von 4 N. 29) Mstietitze von 11 N. 30) Libecz von 10 N. 31) Spaleny Mleyn. 32) Marschowitz (Marssowicze) von 71 N. ein Flecken zwischen Neweklau und Janowitz 6 Meil von Prag südwärts entfernt. Gehörte vor den hussitischen Unruhen dem Dompropste an der prager Schloßkirche bey St. Veit. Im J. 1569 hielt selbes im Besitze Hr. Wilhelm Zoforz Malowecz von Malowicz p).

Die hiesige Pfarrkirche unter dem Tit. Marien Verkündigung, und Patronatsrechte der Tloskauer Obrigkeit, war schon im Jahre 1384, wie solches aus den Errichtungsbüchern zu ersehen ist, mit eigenem Seelsorger versehen. Im Jahre 1408 den 4 Oktob. schenkte Herr Ogerius von Radenicz zu dieser Kirche ein Schock prager Gr. q)

Nicht

---

o) LL. Erect. Vol. 5. N. 1.
p) Prager Landtag vom J. 1569. und 1571.
q) LL. Erect. Vol. 8. D. 8.

## Berauner Kreis.

Nicht ferne von dannen sind noch wenige Merkmale des verfallenen Schloßes 33) Stegcz anzutreffen. 34) Podmarssowicze, ein Freysassen Gut, so jetzt Freniut und Franz Pawlat genannt wird. 35) Tozicze mit einer Kirche unter dem Titel des heil. Martin, zählet 16 N., davon 2 nach Tworschowitz gehören.

36) Drachkow von 52 N. mit einem Mayerhofe. 37) Boschkowitz (Bosskowicze) von 19 N. mit einem Mayerhofe.

38) Tomitz (Tomicze) von 33 N., nahe an dieses Dorf stößt der große Tomizer Teich, dessen Damm im J. 1764 durch einen Wolkenbruch losgerissen worden ist, wodurch der Bach Bystra eine große Ueberschwemmung in dieser ganzen Gegend bis Porzicz verursachet hat, dessen traurige Merkmale noch heut zu Tage hier und da wahrzunehmen sind.

39) Zahradnicze von 8 N., davon etwas nach Tworschowitz gehöret. 40) Rudolticze von 9 N. eben so 41) Strnadicze von 15 N. 42) Sedletzko (Sedleczko) von 11 N. 43) Schebanowitz (Schebanowicze) von 13 N. 44) Podhorzy ein herrschaftlicher Hof.

45) Hodietitz (Hodieticze) von 6 N. ein Schloß und Dorf 6 Meilen von Prag, und eine halbe Stunde von Marschowitz südsüdwärts gelegen, mit einer Kirche unter dem Tit. der heil. Ap. Peter und Paul. In dieser Kirche, welche schon im Jahre 1384 ihren eigenen Seelsorger hatte, wurde im Jahre 1375 durch den

den Herrn Bohuslaw von Suchdol ein Altar unter dem Titel des heil. Nikolaus errichtet r)

46) Horzeticze von 21 N. 47) Horzetitzer Hurka von 7 N. 48) Tikowitz (Dikowicze) von 4 N. 49) Prteczny (Brdeczny) von 5 N. 50) Straschowitz (Strazowicze) von 20 N. 51) Zhorny von 9 N. 52) Skreischau (Skreyssow) von 7 N. 53) Brzeczowicze von 29 N mit einer Kirche unter dem Titel des heil. Lukas Ev., die in den Errichtungsbüchern schon auf das Jahr 1398 als Pfarrkirche vorkömmt s), und für jetzt abermal mit einem Lokalkaplan unter dem Patronatsrechte Sr. Maj. des Kaisers besetzt werden soll.

54) Rzehowicze sammt 3 Freysassen von 14 N. 55) Zadoly von 14 N. 56) Wlkonicze von 24 N. 57) Spoly von 7 N. 58) Strany (Stranna) von 28 N., davon 5 nach Chlumecz gehören. 59) Zarybnicze oder Zalužy von 4 N. 60) Zalesy einschichtig. 61) Peczinow ein Meyerhof von 4 N. 62) Butkow (Budkow) von 5 N. 63) Borakow eine Mühle. 64) Zahorzany von 12 N. 65) Wracze ein Freysaß. 66) Neudorf, Nowa Wes mit einem Meyerhofe von 25 N. 67) Pozow von 12 N. 68) Mokliny von 4 N. und 69) Podhorzy oder Baboźicz von 2 N. liegen nicht ferne von Jemnischt im Kaurzimer Kreise. 70) Senitin ein Meyerhof. 71) Mokrzan v.

---

r) LL. Erect. Vol. 1. U. 7.
s) LL. Erect. Vol. 5. G. 2.

## Brauner Kreis.

5 N. 72) Hurka bey Zarybnicz von 4 N. 73) Hagek bey Rzehowicz einschichtig. 74) Nahorub zählet sammt 4 Freysassen und dem nach Brchleb gehörigen Theile 34 N. 75) Nahoruber Wirthshaus. 76) Austj von 14 N. 77) Gezwiny von 2 N. 78) Walchenmühle. 79) Podhor nebst zwey Baracken von 3 N. 80) Neswaczil von 34 N. 81) Unterteich, Tomitzer Mühle. 82) Brsow von 2 N. 83) Samota bey Kobyly von 3 N. 84) Odpocilka oder Brziczka ein Wirthshaus. 85) Blecha und 86) Schebek sammt 87) Chytry sind drey Mühlen. 88) Lhotka wsserowka ein Freysaß unter der Tloskauer Jurisdiktion von 2 N.

## Gut Woseczan.

Gehörte im Jahre 1615 dem Hrn. Adam Rzepiczky von Sudomierz, a) nach der Schlacht am weißen Berge aber fiel selbes dem königl. Fiskus zu, und wurde im Jahre 1622 an den Herrn Albrecht von Walstein käuflich überlassen b) Der jetzige Besitzer ist Karl Graf Lanius von Wellenburg. Her gehören:

1) Woseczan (Woseczany) von 38 N. ein Dorf und Bergschloß mit einer öffentlichen Kapelle, die von einem Schloßkaplan administriret wird, liegt

6

---

a) Prager Landtag.
b) MS.

6 Meilen von Prag südwärts zwischen Krchleb und Seleźań an dem Bache Mastnjk. Der gleich gemeldte Bach Mastnjk, welcher bey Rothbradek den Namen Zlatá Stoka bekömmt, entspringt bey Milcźin, lauft dem Teiche Mastnjk auf der Herrschaft Janowitz zu; dann eilet er gegen Smilkau u. Woikau, nimmt bey Seltschan und Radicz neue Bäche auf, und fällt endlich unter dem Dorfe Ziwohaust in die Moldau.

2) Welbiech (Welbiechy) von 16 N. 3) Brźiźegau (Brźiźegow) von 8 N. 4) Lhota Prosenitz (Prosnicze) von 15 N. 4) Radiegowicze (Radiowicz) ein Meyerhof. 5) Lhota Prosenka von 17 N. 6) Klein Klimetitz (Klimeticzky) von 9 N. sammt 10 dem Hofe Nechyba, davon 3 nach Chlumetz gehören.

## Gut Radicź.

Gehöret dem Ritter Joseph Warlich von Bubna und Litiz, dessen Voreltern dasselbe käuflich an sich gebracht haben. Demselben sind einverleibet:

1) Radicź von 27 N. ein Dorf und schönes Bergschloß mit einer öffentlichen Kapelle unter dem Titel Marien Einsiedel, die von einem Hofkaplan versehen wird; liegt 5 1/2 Meil von Prag südwärts zwischen Krchleb und Nalzowitz.

2) Zdiar von 6 N. 3) Dublin von 10 N. 4) Hrazany von 12 N. 5) Neuhof. 6) Passek. 7) Basarna. 8) Wescze ein Meyerhof.

Gut

## Gut Sukdol.

Gehört dem Ritter Joseph Lipowsky von Lipowitz mit einer öffentlichen Kapelle unter dem Titel des heil. Johann von Nep., die unter dem Patronatsrechte des Besitzers von Sukdol von einem Lokalkaplan versehen wird; liegt 6 Meilen von Prag südwärts zwischen Hodietitz und Radicz, und zählet 28. N. 2) Luchy, drey Chalupner, oder Czepil von 14 N. davon 7 nach Woseczan gehören.

## Gut Nalzowitz.

Die Grafen Wratislaw von Mitrowicz waren ehedem Besitzer davon, jetzt aber gehöret selbes dem Joh. Wenzel Freyh. v. Asfeld und Widrži, der es käuflich an sich gebracht hat. Demselben sind einverleibt:

1) Nalzowitz (Nalzowicze) ein Dorf und ein niedliches Schloß von 21 N. liegt 6 M. von Prag südwärts, und ist mit einer schönen im J. 1690 v. dem Hrn. Anton Frangimont von Frankenfeld unter dem Tit. der schmerzhaften Mutter Gottes neu aufgeführten Kirche versehen, die aber noch nicht ausgebauet ist. Bey dieser Kirche stiftete im J. 1743 die edle Frau Josepha Bonias von Widrži einen Lokalkaplan. Das prächtige Schloß hat dem Anton Freyherrn von Asfeld sein Daseyn zu verdanken, der es ganz neu aufgeführt hat. Der Ackerboden ist hier der häufigen Berge, Steine, und Sandes wegen größtentheils unfruchtbar,

bar, doch findet man häufigen Alaun in dieser Gegend.

2) Buczil (Buczily) von 2 N. 3) Podhag von 14 N. 4) Wowoz, Wobos von 4 N. 5) Hluboka von 7. N. samt 6) Seiz und 7) Czastoborz. 8) Neudorf von 12 N. liegt 1/4 Stunde von Naizowitz gegen Aufgang.

9) Chlum von 15 N. ein Dorf dem Schloße Naizowitz entgegen gelegen, 6 Meilen von Prag, mit einer Pfarrkirche unter dem Tit. des heil. Wenzel, die schon im Jahre 1384. mit einem eigenen Pfarrer besetzt war, und deren Einkünfte im Jahre 1412. mit 1 Schock Prag. Grosch. jährlicher Zinsung durch das Fräulein Bicka von Lipa vermehret worden sind a). Im Jahre 1707. ist diese Kirche durch einen reichlichen Beytrag ihrer ehemaligen Besitzer der Grafen Wratislaw von Mitrowitz erneuert worden, wie solches sowohl die Jahrzahl, als auch viele an der inneren Kirchenwand angebrachte Wratislawische Wappen anzeigen.

## Gut Groß Kniowitz.

Gehöret erblich der edlen Frau Theresia Lipowsky von Lipowitz, gebohrner Freyinn Malowetz von Cheynow und Winterberg. Her gehören:

1) Groß Kniowitz (Kniowicze) von 32 N. ein Dorf und Schloß mit einer öffentlichen Kapelle unter dem

---

a) LL. Erect. Vol. 12, R. 1.

dem Titel des heil. Joseph, liegt 6 Meilen von Prag, und eine halbe Stunde von Naljowitz oſtwärts. 2) Klein Kniowitz von 12 N. davon fünf Häuſer zur Chlumetzer Herrſchaft gehören. 3) Geſtraun von 20 N. 4) Zberas von 10 N. 5) Cheynow ein Meyerhof ſammt 6) Auſuſy von 5 N. 7) Hradiſſko von 4 N. davon ein Chalupner nach Woſeczan gehöret.

## Gut Roth Hradek.

Im J. 1561 und 71. hielt dieſes Gut Hr. Siegsmund Walkaun von Adlar im Beſitze a). Dann im Jahre 1575 Chriſtoph v. Karlowitz. (Prager Landt.) Im Jahre 1615 der Hr. Adam Hrzan von Haraſowa, im Jahre 1638 Zozymus Graf von Wrtby b), im Jahre 1721 Anton Wenzel von Golz, Herr der Herrſchaften Czernolitz, Roth Hradek, Hammer und Wallech c). Vor kurzer Zeit gehörte daſſelbe der Frau Dorothea zum zweytenmal vermählten Geſtrzibſky von Rieſenburg, nach deren Tod ſelbes dem jetzigen Beſitzer Karl Freyherrn von Eben erblich zugefallen war. Hierzu gehören:

1) Roth Hradek oder Podraz, červený Hradek von 7 N. ſammt 2) Podhradecz, ein Dorf und Schloß 6 1/2 Meil. von Prag ſüdwärts entfernt, liegt

zwi-

a) Prager Landtag n. J.
b) Prager Landtag
c) Hammerſchm. Pr. Gl. P. p. 740.

zwischen Seltschan und Amschelberg an dem Bache Mastnik oder Zlatá Stoka, 2) Witicz von 6 N. 3) Lhotka von 9 N. 4) Borka von 7 N. 5) Dwornik, Dworek, einschichtig ein Meyerhof. 6) Zadussy v. 3 N. 7) Koczanda, ein Gasthaus, und 8) Przibeyssta von 8 N. 9) Duttin, Dutie, einschichtig. 10) Janow von 7 N.

## Gut Amschelberg.

Gehörte im Jahre 1400 dem Herrn Hermann Hradek von Landstein a). Im Jahre 1549 hielt selbes Johann Rziczansky von Rziczan, Herr auf Amschelberg und Humpolecz im Besitze. Von dieser Zeit an blieb Amschelberg bey dieser Familie, b) bis auf den Herrn Wilhelm von Rziczan, dessen Güter Amschelberg und Woikau nach der Schlacht am weißen Berge konfisciret, und im Jahre 1622 an den Herrn Albrecht von Waldstein käuflich überlassen worden sind. Diesem folgten die Grafen von Wrtby. Im Jahre 1772. war dieses Gut in Händen der Ritter Karwinsky von Karwin, von denen es an die Freyherren von Astfeld, und 1786 von Theresien verwittweten Freyinn von Astfeld an die Herrschaft Chlumecz käuflich gekommen war. Her gehören:

1)

a) LL. Erect. Vol. 6. M. 4.
b) Prager Landtag. von 1549. 1561. 1569.

## Berauner Kreis.

1) Amſchelberg (Boſowa Hora) Koſſohora, ein Marktflecken und Schloß von 67 N. an dem Bache Maſtnjk, zwiſchen Seltſchan und Woikau 6 1/2 M. von Prag ſüdwärts entlegen. Die hieſige Pfarrkirche unter dem Titel des heil. Ap. Bartholomäus, kömmt in den Errichtungsbüchern ſchon auf das Jahr 1367 als Pfarrkirche vor c).

2) Lawiczky ſammt 3) Drzewniſtie von 9 N. 4) Wiſchatol (Wyſſatoly) von 3 N. 5) Chota von 14 N. 6) Pogezdecz einſchichtig. 7) Wyſoka von 9 N. 8) Lowczicze von 8 N. 9) Mezny (Mezno) von 9 N. 10) Hutlin ſammt Feepſaſſen von 8 N.

## Gut Woikau.

Im Jahre 1622 kaufte dieſes Gut, wie wir oben bey Amſchelberg geſehen haben der Hr. Albrecht von Waldſtein. Die jetzige Beſitzerinn davon iſt Maria Anna Wratiſlaw Reichsgräfinn von Mitrowitz, gebohrne von Bieſchin. Dazu gehören:

1) Woikau (Wojkow) v. 18 N. ein Dorf u. Schloß mit einer Kirche unter dem Titel des heil. Ap. Jakob, die im J. 1384 mit einem Pfarrer beſetzt war, jetzt aber wird ſelbe von einem Schloßkaplan adminiſtriret, und liegt an dem Bache Maſtnjk nahe bey Amſchelberg 6 1/2 M. von Prag ſüdwärts entfernt.

2)

---

c) LL. Erect. Vol. 2. N. 2.

2) Podoly von 7 N. 3) Sletowitz (Sledo‒
wicze) von 10 N. davon 9 nach Chlumecz gehören.
4) Mlinarzitz von 10 N.

## Gut Stietkowitz.

Gehörte ehedem dem Hrn. Franz v. Müller, der
selbes von den Grafen Hradeczky käuflich an sich ge‒
bracht, und 1787 den 22 Febr. an den Ritter Jo‒
seph Lipowsky von Lipowitz käuflich wieder abgetre‒
ten hat. Demselben sind einverleibet:
1) Stietkowitz (Stietkowicze) von 15 N. 2)
Chrastawa von 3 N. 3) Borzena Hora von 9 N.
4) Klein Sedleczko von 3 N.

## Majoratsherrschaften Wotitz.

Im Jahre 1396 gehörte Wotitz den leiblichen
Brüdern Johann dem ältern Raczek, und Johann
dem jüngern Herrn von Otticz a). Zu Anfang des
siebzehnten Jahrhunderts hielten die Herren Kaplirz
Wotitz im Besitze. Paul Kaplirz schlug sich zu der
Parthey der protestantischen Stände in Böhmen, die
Friedrichen aus der Pfalz zu ihrem Könige gewählet
haben, nach der Schlacht am weißen Berge aber
mußte er seine Herrschaften Wotitz und Janowicz
an den königl. Fiskus abtreten, die der Herr Sezyma
von

---

a) LL. Erect. Vol. 5. G. 2.

von Wrtby im Jahre 1622. käuflich übernommen hatte b), von dieser Zeit an blieb Woritz bey dieser gräflichen Familie bis auf den jetzigen Besitzer Franz Ernest Reichsgrafen von Wrtby. Her gehören:

1) Wotitz (Woticze) r. 177 N. eine Stadt und Schloß an der Linzer Poststraße 7 3/4 Postmeilen von Prag entfernt, mit einer k.k. Poststation, von dannen eine Post bis Bistrzitz, und eben so viel bis Sudomierzitz gerechnet wird. Die hiesige Pfarrkirche unter dem Tit. des heil. Wenzel, und Patronatsrechte der Wotitzer Obrigkeit kömmt in den Errichtungsbüchern schon auf das 1384 und 1396 Jahr als Pfarrkirche vor, in welchen die obbenannten Herren von Orticz die Einkünfte derselben um ein vieles vermehret haben c)

Im Jahre 1420 den 5 Apr. überfiel Zizka Wotitz, plünderte den ganzen Marktflecken rein aus, führte nebst Roß und anderm Viehe viele mit Getreid und andern Habschaften beladene Wägen davon, und machte die sämmtliche königliche Besatzung zu Kriegsgefangenen, mit welcher er seine Leute, die kurz bevor bey Sudomierzitz gefangen worden, ausgelöset hatte.

Im Jahre 1727 legte hier Sezyma Graf von Wrtby, Herr der Herrschaften Umschelberg, Roth Hradek, Wotitz, Janowitz und Michowitz ein Kloster mit einer Kirche unter dem Titel des heil.

N 2 Franz

b) MS.
c) LL. Erect. l. c.

Franz Seraph. an, ließ im Jahre 1629 mit Genehmhaltung des Kaisers die Ordensmänner des heil. Franziskus in solches einführen, und die Kirche durch den Kardinal und prager Erzbischof Harrach im Jahre 1631 den 20 Aug. mit vielem Gepränge einweihen d).

An dem nächst an Woritz stossenden Windberge, liegt in einem Walde eine Kirche unter dem Titel des heil. Adalbert. 2) Maniclowicze von 6 N. 3) Libohost (Lybohos) von 4 N. 4) Skawkow von 7 N. 5) Balischt (Balißtie) von 12 N. 6) Bochnow von 4 N. 7) Budenjn von 18 N. 8) Mladaussow sammt 9) Neumühle 10) Spalensker Mühle und 11) Hoger von 16 N. 12) Liza (Lysa) sammt 13) Bastarzer Mühle von 7 N. 14) Wietrow von 8 N. davon eins nach Neustupow gehöret. 15) Hostischau (Hostissow) von 5 N. 16) Zdeborz von 3 N. 17) Gestrzebicze von 7 N. 18) Martinitz (Martinicze) ehemaliger Rittersitz der Herren von Martinitz, jetzt ein Dorf mit einem verfallenen Schlosse, und einer Filialkirche unter dem Titel Marien Himmelfahrt, die im Jahre 1384 mit einem eigenen Pfarrer besetzt war.

Im Jahre 1400 den 19 Junii stiftete Johann von Martinitz bey dieser Kirche einen Kaplan auf immerwährende Zeiten; e) zählet sammt 19) Klein Ba-

---

d) Hammerschm. Pr. Gl. Prz
e) LL. Erect. Vol. 6. D. 4.

Babitz, und 20) Maſtnjker Mühle 17 N. 21) Nezditz (Nezdicze) von 7 N. mit einem verfallenen Schloſſe. 22) Strzelitow von 6 N. 23) Beſtahow (Bezrahow) mit einem verfallenen Schloſſe, gehörte im Jahre 1569 dem Herrn Niklas von Rziczan. (Prag. Landtag von 1569 und 1571 J.); zählet ſammt 24) Pilanzer Mühle, und 25) Phaſanjäger 12 N. 26) Orbicze von 11 N. 27) Weſelka von 3 N. 28) Koſſowicze von 5 N. 29) Wranow von 3 N. 30) Buczowicze von 14 N., davon zwey Höfe zur Chlumetzer Herrſchaft gehören, 31) Jarolimer Mühle. 32) Brzenowicze und 33) Hawranek Mühle von 15 N. 34) Bezmjrz von 13 N. 35) Klein Lhota von 3 N. 36) Radotjn von 12 N. 37) Brzeßitz (Brzeſſicze) v. 17 N. ehemaliger Ritterſitz der Herren von Brzeſſicz, dann gelangte dieſes Gut an die Herren von Rziczan. (Prag. Landtag vom 1571 J.)

Im Jahre 1407 den 15 Apr. ſtiftete die edle Frau Catharina hinterlaſſene Wittwe des Herrn Johann von Brzeſſicz auf immerwährende Zeiten einen Kaplan bey der Pfarrkirche zu Janowitz, zu deſſen Unterhaltung wies ſelbe die Einkünfte von dieſem Dorfe an mit dieſer Bedingung, damit ihrer Tochter Klara, die das Ordenskleid zu Launiowitz angenommen hat, von ſolcher Anſtung jährlich Zeit ihres Lebens zwey Schock Gr. entrichtet werden. f)

38)

---

f) LL. Erect. Vol. 7. K. 10.

38) Groß Babitz einschichtig. 39) Jawor sammt 40) Czernißt von 3 N. 41) Gelenecz von 4 N. 42) Wolowecz ist nach Boschowitz beygerechnet. 43) Misteticz und 44) Gedlina von 7 N. 45) Stregczek ist nach Slawkow beygezählet. 46) Sauschka aber nach Orbitz. 47) Woraczicz und 48) Zminitz von 3 N. 49) Lloczdicz von 9 N. 50) Zahradka von 15 N.

## Allodialherrschaft Janowitz und Olbramowitz.

Der jetzige Besitzer hiervon ist eben der bey Wotitz erwähnte Franz Ernest Reichsgraf von Wrtby. Her gehören:

1) Janowitz, Janowicze Wrchotowy, ein Marktflecken und Schloß von 29 N. 7 Meil von Prag südwärts gelegen zwischen Marschowitz und Smilkau, mit einer Filialkirche unter dem Titel des heil. Martinus, die im Jahre 1407 mit eigenem Pfarrer besetzt, a) und ehedem im Jahre 1359 den 19 Dezem. durch den Hrn. Rymnus von Radotin mit hinlänglichen Einkünften versehen war. Im Jahre 1558 hielt Johann der ältere von Rziczan Janowitz im Besitze b) Diesem folgte gegen das Jahr 1621. Sezyma Graf von Wrtby, Herr auf Wrchotitz, Janowitz und Brzesticz, k. k. wirkl. geheim. Rath und Haupt-

a) LL. Erect. Vol. 7. K. 10. Vol. 1. K. 2.
b) Prager Landtag.

Hauptmann auf der Neustadt Prag c) Von dieser Zeit an blieb Janowitz bey diesem gräfl. Geschlechte bis auf den jetzigen Besitzer.

2) Janowitz ein Dorf von 37 N. 3) Morowitz von 8 N. 4) Groß Lhota von 16 N. 5) Podol ein Meyerhof. 6) Braschritz mit einem Mayerhofe von 6 N. 7) Olbramowitz von 25 N. ehemaliger Rittersitz und Stammort der Herren von Olsbramowitz, mit einer Filialkirche, die 1384 mit eigenem Seelsorger versehen war, und 1368 einen Streit zwischen dem Herrn Odolenus von Olbramowicz und Przicho des Patronatsrechts wegen veranlasset hatte d)

8) Groß Semtin von 12 N. davon 4 nach Tloskau gehören. 9) Klein Semtin von 7 N. davon 3 eben dahin gehören.

## Herrschaft Smilkau.

Die jetzige Besitzerinn derselben ist Franziska Reichsgräfinn v. Bißingen gebohrne Freyinn von Astfeld und Wldrži, dieselbe nach dem Hintritt ihres Gemahls Heinrich Reichsgrafen von Bißingen antrat. Derselben sind einverleibt:

1) Smilkau (Smilkow) von 33 N. ein Schloß und Dorf mit einem schönen Garten, liegt 7 3/4 M. von Prag südwärts links an der linzer Poststrasse zu.

2)

---

c) Hammerschm. Pr. Gl. Pr.
d) LL. Erect. Vol. 12. A. 9.

2) Groß Herzmanitz, Herzmanicze von 20 N. 3) Klein Herzmanitz, Herzmaniczek von 10 N. 4) Peklo von 4 N. 5) Dietkow von 8 N. mit einem Meyerhofe. 6) Drahnower Mühle ist nach Peklo beygerechnet. 7) Durdicze von 8 N. 8) Strassik eine Mühle.

9) Arnoschtowitz, Arnosstowicze von 22 N. ehemaliger Rittersitz der Herren von Arnosstowicz, jetzt ein Dorf und Pfarrkirche unter dem Titel der h. Ap. Simon und Judas; liegt ganz nahe an Smilkau. Die gleich gemeldte Kirche war schon im Jahre 1384 mit einem eigenen Pfarrer versehen; a) zur Zeit der hussitischen Unruhen aber wurde sie dessen beraubt, und lange Zeit von Smilkauer Hofkaplane administriret, bis sie endlich wieder im Jahre 1740 auf ein sorgfältiges Verlangen der Grafen von Bißingen in die Zahl der Pfarrkirchen versetzet, und mit eigenem Pfarrer versehen worden ist.

Im Jahre 1421 den 7ten Julii überfielen die österreichischen Truppen Arnosstowitz, und verbrannten daselbst auf einem Scheiterhaufen drey Bauern, vier Knaben, und den Pfarrer, weil selbe das heilige Abendmahl unter beyden Gestalten empfiengen b)

10) Krzenowitz, Krzenowiczky samt königl. Freysassen von 17 N. 11) Wozerowicze, ein Meyerhof

a) LL. Erect.
b) Lupacius 7 Julii ex M. L.

erhof von 2 N. 12) Lifftienecz von 8 N. 13) Rauty, (Rautina,) von 11 N. mit einem verfallenen Schloſſe. 14) Lhota Plachowa von 5 N. 15) Zaſtawecz einſchichtig. 16) Baniow von 3 N. 17) Lhota Karaſowa ſamt 18) Jareſcher Mühle von 5 N. 19) Lhota Slawacʒkowa ehedem Charwatowa genannt von 3 N. 20) Jeſchetiʒ (Geſſeticʒe, Jeßitʒ, ſamt 4 Freyſaſſen von 12 N. eins davon gehöret zur Herrſchaft Jung Woʒiʒ. 21) Kuʒeler Mühle iſt nach Rauty beygerechnet. 22) Rʒykow ſamt 4 Freyſaſſen von 9 N. 23) Styrow (Zdirow) von 7 N. 24) Weſcʒe von 3 N. 25) Sechow (Zechow) von 4 N 26) Klein Woldrʒichowitʒ (Oldrʒichowieʒe) von 9 N. davon 1 nach Jung Woʒicʒ gehöret, mit einer Kirche unter dem Tit. des h. Gallus A. zu welcher Zbynek Buchowetʒ von Buchowa im J. 1398. gewiſſe Zinſung errichtet hat c).

27) Swieczow eine Schäferey. 28) Podleſy von 6 N. 29) Zaleſy. 30) Jwy, Giwy von 8 N. 31) Girʒykowecʒ von 4 N. 32) Cʒyſtowieʒe von 7 N 33) Laudilka von 3 N. 34) Neuhof (Nowy Dwory) von 23 N. 35) Rothaugeʒd (Cʒerweny Augeʒd von 25 N. mit einer Filialkirche unter dem Tit. des heil. Ap. Mathäus, bey welcher Heinrich Reichsgraf von Bißingen im Jahre 1763. einen Lokalkaplan geſtiftet hat, und einem Dominikalfiskalhofe, wie auch 13 königl. Frey-

---

c) LL. Erect. Vol. 5. R. 1.

Freysaßen. Gehörte im Jahre 1569. dem Hrn. Johann Ždiarsky von Ždiar d).

36) **Chodieticz** von 14 N. mit einem Meyerhofe.

## Gut Prtschitz.

Gehörte im Jahre 1571 und 76 dem Hrn. Adam Woraczicžky von Pablenicz a). Der jetzige Besitzer ist der Ritter Joh. Koforž Malowitz von Malowitz. Dazu gehören:

1) **Prtschitz** (Prežicze) ein Marktflecken von 103 N. liegt 8 3/4 M. von Prag fürwärts zwischen Sedletz und Smilkau, und ist versehen mit einer Kirche unter dem Tit. des heil. Laurenz, die im J. 1384. ihren eigenen Seelforger hatte b), jetzt aber wird selbe von dem Pfarrer aus Sedletz administriret. Im Jahre 1179 flüchtete sich Herzog Friedrich nach der Schlacht bey Lodenitz, die für ihn unglücklich abgeloffen war, bis Prtschitz, und traf daselbst Konraden Herzog aus Mähren an, der ihm zwar Hülfstruppen zugesagt, allein in der Vollziehung seines Versprechens sich etwas saumselig bezeiget hatte c).

2) **Dobrossowicze** von 13 N. 3) **Wrssowicze** 4) **Diwissowicze** von 23 N. 5) **Uhržicz** (Vhržicze von 16 N. ein Schloß und Dorf 8 1/2 Meile von Prag

d) Prager Landtag.
a) Prager Landtag.
b) LL. Erect.
c) Chron. Silovense a. Getaf. Mon. T. I. p. 91.

Prag ganz nahe an Sedletz gelegen, gehörte zu Anfang des siebenzehnten Jahrhunderts dem Hrn. Peter Haslauer, und fiel im Jahre 1622. nach der Schlacht am weißen Berge dem königlichen Fiskus zu (MS.)

6) Wolessinek, Bolcschin von 4 N. 7) Matiegow von 10 N. 8) Nehossow ein Meyerhof 9) Malkowicze von 16 N. 10) Zwasegowicze, Zwaßowitz von 9 N. 11) Struchanow von 13 N. davon 3 nach Chlumecz gehören. 12) Jahorzy von 3 N. 13) Sowa Mühle. 14) Mrakoticze mit einem Meyerhofe von 9 N. 15) Monínecz von 3 N. 16) Neuwirtshaus. 17) Wrschowitz ein Meyerhof von 4 N. ist auf der Charte unter dem Namen Wrdicticzky angemerkt. 18) Libenicze samt 19) Brabenissle v. 16 N. 20) Borotinek ein Meyerhof von 2 N. 21) Paratkow von 2 N. 22) Hattow von 2 N.

## Gut Dobrohoscht.

Liegt bey Dietkow 7 1/4 Meile von Prag, gehöret dem Ritter Johann Joseph Malowetz von Malowicz, und zählet 4 N.

## Gut Bolechowitz.

Gehöret dem Hrn. von Auerswald, und zählet 19 N., davon 4 nach Chlumecz gehören.

## Gut Mieschetitz.

Gehöret dem Ritter Johann Kunasch von Machowitz. Hierzu gehören:

1) Mnieschitz, Mischetitz (Mieſſeticze) von 31 N. 2) Litkowicze oder Bažanty von 1 N. 3) Mnieschitz von 3 N.

## Gut Jetrzichowitz.

Gehörte zu Anfang des vorigen Jahrhunderts dem Hrn. Johann Chobotsky, deſſen Güter nach der Schlacht am weißen Berge an den königl. Fiskus gezogen, und im Jahre 1623. an den Hrn. Johann von Talmberg käuflich überlaſſen worden ſind a). Im J. 1709. hatte Franz Sczyma Mitrowsky Freyherr von Nemiſchel Jetrzichowitz und Wrchotitz im Beſitze b). Der jetzige Beſitzer iſt Franz Joſ. Reichsfürſt v. Lobkowicz u. Herzog zu Raudnitz, der ſie vor kurzer Zeit vom Karl Ignaz Reichsgrafen v. Klary und Aldringen käuflich übernommen hatte. Her gehören:

1) Jetrzichowitz (Getrzichowicze) von 21 N. ein Dorf und Schloß 8 1/2 Meile von Prag ſüdwärts unter Sedletz gelegen. 2) Naſylow von 3 N. 3) Monjn von 3 N. 4) Jaworžy (Gasworžy) von 3 N. 5) Chota Allinowa oder Alenis

---

a) MS.
b) Hammerſchm. Pr. Gl. Pr.

ninowa von 5 N. 6) Aunuß von 5 N. 7) Czunkow von 11 N. 8) Božejn von 5 N. davon 1 nach Prtschitz gehöret. 9) Franctißek samt 10) Wrchoritz von 21. N. 11) Lhota Wezelakowa von 5 N. 12) Klabst eine Mühle. 13) Lhota Machaczkowa sonst Czelakowa von 5 N. 14) Jankow sammt 15) Monincez und 16) Zahrádka von 3 N. davon eins nach Prtschitz gehöret. 17) Zahoržy von 5 N. davon 2 her gehören, ist schon bey Prtschitz vorgekommen. 18) Zakopy einschichtig. 19) Wrsßicz von 16 N. 20) Sichrow von 2 N, 21) Radikow von 3 N.

## Gut Mitrowitz.

Gehöret dem Johann Reichsgrafen Wratißlaw von Mitrowitz. Demselben sind einverleibt:

1) Mitrowitz (Mitrowicze) von 5 N. ein Schloß und Dörfchen 8 1/2 Meile von Prag und eine Meile von Smilkau südwärts entlegen.

2) Kwastiow (Kwaßtowicz) eine Mühle 3) Wißka von 8 N. 4) Pržestawlk von 21 N. 5) Kohow von 10 N. 6) Buželßkey eine Mühle. 7) Geczerßkey gleichfalls.

8) Dworcze von 10 N. davon 5 nach Prtschitz gehören. 9) Zabiehlicze von 9 N. davon 3 nach Prtschitz gehören.

Ma=

## Majoratsherrschaft Chlumetz.

Sie enthält drey Meilen in der Länge, und 2 1/2 in der Breite. Die übliche Landessprache auf der ganzen Herrschaft ist, so wie in diesem ganzen Kreise, die böhmische allein. Der Landmann ernähret sich theils durch den Ackerbau, der aber hier der häufigen Felsen, Steine und Sandes wegen nicht allerdings fruchtbar ist, theils durch den Holzhandel, und ein fleißiges Anbauen des Hauptkohles und der Erdäpfel.

Diese Herrschaft gehörte schon gegen die Mitte des funfzehnten Jahrhunderts dem adelichen und wohlberühmten Geschlechte der Herren von Lobkowitz, und gelangte endlich im Jahre 1784 nach dem Hintritte des Reichsfürsten Ferdinand von Lobkowitz an dessen Sohn den jetzigen Besitzer Franz Jos. Maximilian Herzoge zu Raudnitz. Aus dessen Urahnen und ehemaligen Besitzern der Herrschaft Chlumetz kommen folgende bey unsern Schriftstellern vor. Im J. 1464 Hr. Wenzel von Lobkowitz. a) Im Jahre 1558 Ladislaw der ältere von Lobkowitz, Herr auf Chlumetz und Gistebnitz, Oberst Landesmarschall, und der erste Appellationspräses. Diesem folgte im Besitze dieser beyden Güter im Jahre 1584 Ladislaw der jüngere von Lobkowitz b). Dieser Herrschaft sind einverleibt:

1)

---

a) Paprocky de Stat. Dom.
b) Hist. S. J. P. 1. L. 2. p. 119. et L. 5. p. 493. Paprocky de Stat. Dom. Prag. Landt. vom J. 1561.

1) Chlumecz von 34 N. ein Marktflecken 7 1/4 M. von Prag südwärts zwischen Schönberg und Amschelberg gelegen, mit einem ehedem sehr festen Schlosse, das auf einem hohen Berge nächst bey Chlumetz liegt, und bey heiterem Himmel eine Aussicht auf fünf Meilen in das flache Land darbietet.

2) Podhradj von 8 N. 3) Wißka von 10 N. 4) Gezwinka oder Gezwina ist nach Trzemnitz beygerechnet. 5) Austupenitz (Austupnicze) aber nach Poczeticz. 6) Solopißt, (Solopißty) von 22 N. 7) Lhota Brckowa von 10 N.

8) Seltschan (Sedlczany) ein offenes Städtchen von 201 N. nahe bey Amschelberg an dem seltschauer Bache, und am Fuße des Czyhelny und Galgenberges 6 1/2 M. von Prag südwärts entfernt, führet im Wappen eine rothe Rose in weissem Felde. Die Hauptnahrung der Bürger bestehet nebst dem gewöhnlichen Stadtgewerbe im Ackerbaue, welcher hier der mittlern Klasse beyzurechnen ist. Diese Stadt gehörte ehedem den Herren von Rosenberg, dann dem Hrn. Jakob Krczyn v. Sedlczan, Hrn. auf Krzepenicz, von dem selbe die Herren von Lobkowitz käuflich übernommen haben.

Im Jahre 1420 bald nach der Niederlage bey Sudomierzicz überfiel Zizka mitten in der Nacht Sedlczan, wurde aber durch einen tapfern Widerstand der Bürger mit großem Verlust zurückgewiesen. Zu einem feyerlichen Andenken dieses so herrlichen Sieges begehen die Bürger noch heut zu Tage jährlich am Ostertage ein Freudenfest. Es versammelt sich

bey

bey dieser Gelegenheit um Mitternacht eine große Anzahl der Stadtinwohner theils zu Fuß, theils zu Pferde auf den nächst herumliegenden Bergen, wo sie die ganze Zeit mit auferbaulichem Gesange und inbrünstigem Gebethe bis früh Morgen des folgenden Tages zubringen.

Nach dem Schlage der neunten Stunde zieht diese ganze Versammlung unter frohem Jubelgeschrey, und Erschallung der Paucken und Trompeten in die Stadt ein, und rücken vor die mitten auf dem Markte von Stein prächtig aufgeführte Bildsäule der unbefleckten Marien Empfängniß her. Hier wird nach Verrichtung eines abermaligen Gebethes von einem mit blanken Schwert zu Pferde sitzenden Bürger durch eine auf diese Feyerlichkeit passende Rede im Namen der ganzen Bürgerschaft dem Allerhöchsten Danksagung abgestattet.

Nach Vollziehung dessen verfügen sich alle hier Anwesenden in die Kirche dem Dienste Gottes beyzuwohnen. Nachmittag wird abermal ein zahlreicher Umgang nach der am Pankauer Teiche nahe bey Seltschan von Wilhelmina Fürstinn von Lobkowitz kostbar erbauten, und insgemein Czirkwicka, (Kirchlein) genannten Kirche unter dem Titel Marien Himmelfahrt geführet. Von dannen kehrt die ganze Versammlung nach geendigter Predigt und dem übrigen Gebethe abermal zu der obgemeldten Mariensäule zurück, wo sie den Ueberrest des Tages bis nach Sonnenuntergang mit Gebethe und einem auferbaulichen Gesange zubringen.

Nahe

### Berauner Kreis.

Nahe an dem Rathhause ist hier merkwürdig zu sehen ein von harten Stein gehauenes altböhmisches Getreidmaaß

Die schön gebaute und mit sechs Glocken versehene Stadtkirche unter dem Titel des heil. Martin B., und Patronatsrechte des Fürsten von Lobkowitz kömmt in den Errichtungsbüchern schon auf das Jahr 1384 als Pfarrkirche vor, und wird heut zu Tage von einem Dechant und zweyen Kaplänen administriret. Im Jahre 1384 schenkten die Brüder Peter und Johann von Rosenberg einen ansehnlichen Theil ihres Vermögens dieser Kirche, und stifteten bey derselben einen Kaplan auf immerwährende Zeiten. c). Allein nachdem diese Stiftung zur Zeit der hussitischen Unruhen zu Grunde gegangen, ließ sich Anton Girth, ehemaliger Dechant zu Seltschan, sorgfältig angelegen seyn, neuerdings einen Kaplan mit hinlänglichem Unterkommen zu versehen. Nicht weniger besorgte sich auch um die Verherrlichung dieses Gotteshauses der Stadtdechant und dann Konsistorialassessor Franz Ferdinand Czcdik, als welcher das durch einen reichlichen Beytrag der sämmtlichen Bürgerschaft aufgeführte hohe Altar mit einer schönen Bildhauerarbeit verzieren und kostbar mit Gold auf eigene Kosten einkleiden ließ.

In dieser Kirche sind nebst einigen prächtigen Gemälden von unbekanntem Pensel besonders vier große,

---

c) LL. Erect. Vol. 2. I. 4. & Paproc. de Stat. Dom.

große, und mit gothischen Lettern in böhmischer und lateinischer Sprache nach dem Berichte des wohlerfahrnen Kenners und ächten Schätzers der Alterthümer Tobias Wenzel Mikowetz hiesigen Dechants auf Pergament geschriebene Kirchengesangbücher zu merken, die nicht nur der überaus schönen Miniaturmalerey, wie auch des häufigen Goldes und auserlesensten Tuschfarben, mit welchen sie auf das prächtigste gezieret sind, sondern hauptsächlich ihres Alters wegen aller Achtung würdig sind. In einem derselben, weraus zur Zeit der vornehmsten Festtäge die gewöhnlichen Kirchenlieder abgesungen werden, ist das Wappen der Herren von Rosenberg, mit der Aufschrift: Wilim z Rozmberku, in den übrigen aber das Wappen der Hrn. von Seltschan, mit dem Beysatze: Jakub Krczin z Gelczan a z Sedlczan A 1594 zu sehen.

Zu Anfang des sechzehnten Jahrhunderts kam hier zur Welt der berühmte Mann Petrus Rodicillus von Tulechowa. Er machte sich durch seine ausnehmenden Kenntnisse sowohl in den philosophischen und mathematischen Wissenschaften, als auch in der Arzneykunst dermassen bekannt, daß man ihm erstens die Lehre der lateinischen und griechischen Sprache an der hohen Schule zu Prag angetragen, und bald darauf zu dem Stadtschreiberamte in der neuen Stadt Prag befördert hatte, in welchem er im Jahre 1576 den 22 Sept. sein Leben endigte d).

Der

---

d) Lupacius 24 Febr. & 22 Sept. Boëm. Doct.

## Berauner Kreis.

Der obgemeldte Seltschaner Bach entstehet hinter Mitrowitz, eilet bey Prtschitz und Jessenitz der Stadt Seltschan zu, wo er von dem Bache Mastnik weiter fortgerissen wird.

9) Meczkau (Meczkow) ist dem Dorfe Chramost zugetheilt. 10) Dublowicze von 42 N. mit einer der heiligsten Dreyfaltigkeit geweihten Kirche, und einer öffentlichen Kapelle unter dem Titel der Verklärung Christi.

11) Chranost (Chramosty) von 23 N. 12) Hrachow (Hrachowissna) von 24 N. 13) Přžimrožecz von 4 N. 14) Kowarna, ein Gasthaus. 15) Buzicz (Bužicz) von 5 N. 16) Hrad oder Hodikow ein Meyerhof 17) sammt Zrubek einem Gasthause, und 18) Tanczybudek sind nach Lichow beygezählet. 19) Zbiroticze oder Zwiroticz von 21 N. sammt 20) Rybarna. 21) Zabichlicze von 4 N. liegt jenseits der Moldau.

22) Brzepenitz (Brzepenicze) von 29 N. ein Dorf und Schloß 6 Meilen von Prag zwischen Malzowitz und dem Flusse Moldau gelegen. Vor wenigen Jahren hat man hier Goldgänge erschroten, aber nicht weiter untersuchet.

23) Habrzy oder Hrabrzy von 19 N. 24) Schmatak, eine Mühle. 25) Schamal. 26) Hradil. 27) Mrdal. 28) Lundak. 29) Hodikow sind gleichfalls Mühlen.

30) Lychau (Lichow) von 26 N. 31) Daubrawicze von 8 N. 32) Rudolecz von 4 N. 33)

Libin (Lybinie) von 12 N. 34) Wapenicze von 9 N. 35) Klimeticze ein Meyerhof. 36) Minaritz von 10 N. 37) Aukly von 5 N. 38) Radcze von 10 N. 39) Nedrahowitz (Nedrazowicze) von 35 N. gehörte zu Ende des sechzehnten und Anfangs des siebzehnten Jahrhunderts den Herren Czernin v. Chudenitz. (Prag. Landt. vom 1571 und 1615 J.) 40) Podhag von 11 N. 41) Kamenicze von 23 N. davon 4 nach Kluczenitz gehören. 42) Jeßenitz (Gesenicze) von 27 N. ein Dorf und Kirche unter dem Titel Marien Geburt, die im Jahre 1384 mit einem Pfarrer besetzet war, jetzt aber wird selbe von einem Lokalkaplan administriret.

43) Podhorzy. 44) Dublowiczky oder Daublowiczky von 6 N. davon eins nach Prtschitz gehöret. 45) Bor von 9 N. davon eins nach Bolechowitz gehöret. 46) Martinicze von 8 N. 47) Baudy von 8 N. 48) Sedltz (Sedlecz, Selz) ein offenes Städtchen von 96 N. 8 3/4 M. von Prag südwärts zwischen Prtschitz und Jetrzichowitz gelegen, mit einer Pfarrkirche unter dem Titel des heil. Hieronymus, und Patronatsrechte der Chlumetzer Obrigkeit, die schon auf das 1384 Jahr als Pfarrkirche in den Errichtungsbüchern vorkömmt.

Im Jahre 1420 den 14 Apr. überfiel Zizka die Stadt Sedletz, und übte daselbst unerhörte Grausamkeiten aus. Dem Besitzer dieses Orts Udalrich Sezyma von Austj befahl er Hände und Füsse abzuhauen, und den Rumpf auf einen hierzu bereiteten Schei-

Scheiterhaufen zu werfen. Dann plünderte er die ganze Stadt, nahm alles kostbare Hausgeräth und Kleinodien weg, so die benachbarten hieher als nach einem vermuthlichen Sicherheitsort mit sich gebracht haben, und ließ das sämmtliche Volk, so er hier antraf, auf das grausamste umbringen, bis auf sechs wohlgewachsene Jungen, zu denen er sprach: Wer aus euch das Leben erhalten will, der mag es mit den übrigen fünfen unternehmen, und dieselben erschlagen. Kaum endigte Zizka seine Rede, sprang einer aus der Zahl dieser fünfen hervor mit Namen Gallus Plichta, machte sich über seine fünf Mitgesellen, erlegte dieselben, und gesellte sich den Taboriten bey. e)

Ungefähr eine Stunde von dieser Stadt sind in einem Walde auf dem Berge Zwierzinecz einige wenige Merkmale, und ein verfallener Wallgraben des zerstörten Schlosses Brakow anzutreffen.

49) Suschetitz (Sussetieze) von 21 N. 50) Schanowitz (Ssanowicze) von 13 N., davon 2 nach Jezrzichowitz gehören. 51) Weletin von 11 N. 52) Miskow von 11 N. 53) Chwalow von 11 N. 54) Wratkow v. 6 N. 55) Hlinowsky ist nach Wratkow beygerechnet. 56) Bralow oder Na Lesych. 57) Wobrada von 4 N. 58) Bozlowy einschichtig. 59) Selistow oder Setikow gleichfalls. 60) Hustilarž von 4 N. 61) Nowy Dwory (Neuhof) von 5 N. 62) Brzezy von 7 N. 63) Mezney von 8 N. 64) Brod

e) Paproc. de Urb.

Brod von 3 N. 65) Bratržikowitz (Bratržikowiczž) ro. 11 N. 66) Mokržan (Mokržany) v. 16 N. 67) Lhota Zemličkowa von 18 N. 68) Skaupy von 17 N. 69) Bratčegow von 13 N. 70) Nechwalitz (Nechwalicze) von 20 N. mit einer Filialkirche unter dem Titel des heil. Nikolaus B., die im Jahre 1384 unter dem Patronatsrechte der Brüder Sobiehrd und Začek von Nechwalitz mit eigenem Pfarrer besetzt war. f)

71) Auléhle wird nach Martinitz beygerechnet. 72) Brzemeniče von 17 N. 73) Ržetitz (Ržedicž) von 16 N. mit 5 Freysassen. 74) Miskow von 10 N. 75) Trkow von 4 N. ein Schloß und Dorf 8 Meilen von Prag zwischen Chlumetz und Sedletz. 76) Skuhrow von 12 N. 77) Auftrkalow oder Aukrztalow von 7 N. 78) Tissownitz von 5 N. 79) Tissownitzerhof. 80) Podschepitz (Poczepicze) von 40 N., ein Dorf und Schloß, Stammort der Herren von Poczepiczky; g) liegt in einem felsigten Thale 7 1/2 M. von Prag südwärts zwischen Chlumetz und Petrowitz. Die hiesige Pfarrkirche unter dem Titel des heil. Johann Tauf. war schon im Jahre 1384, wie solches die Errichtungsbücher bezeugen, mit einem eigenen Pfarrer versehen.

81) Zwiestowicze von 3 N. 82) Poreschitz (Poressicze) von 26 N. 83) Lhota Blahowa v. 6 N.

84)

---

f) LL. Erect. Vol. 12. D. 6. & Vol. 13. f. 9.
g) Balbin. Misc. L. 3. c. 3. §. 6.

## Berauner Kreis.

84) Bleſchiſcht (Pleſſiſtie) von 16 N. 85) Chadymna, eine Mühle. 86) Braźna (Praſſna) von 13 N. 87) Lhota Sſwaſtalowa von 9 N.

88) Zamecf (Zamcyk nad Wltawau, Zamnick) ein Flecken von 58 N., davon ein Hof Manſtwy genannt dem Hrn. von Hartenſtein gehöret, mit einem ſehr alten und groſſentheils ſchon eingegangenen Bergſchloſſe, liegt im Thale am linken Ufer des Moldauſtroms 7 Meilen von Prag entfernt. Zu Anfang des ſiebenzehnten Jahrhunderts gehörte Zamcik dem Hrn. Udalrich Miſſka, nach der Schlacht am weißen Berge aber wurde daſſelbe zu dem königl. Fiskus gezogen, und im Jahre 1623 den 26 März an die Frau Polexina Fürſtinn von Lobkowitz käuflich überlaſſen h). Die Kirche unter dem Tit. Marien Geburt kömmt in den Errichtungsbüchern auf das Jahr 1384. als Pfarrkirche vor i), jetzt wird dieſelbe von einem Lokalkaplan adminiſtriret. Die zweyte ehemalige Kirche unter dem Tit. der heil. Ap. Peter und Paul iſt vor vielen Jahren abgebrennt, und lieget heut zu Tage in eigenem Schutte begraben.

89) Wlcticze von 17 N. 90) Schönberg (Krasna Hora) Pulcher mons von 62 N. ein Marktflecken und Stammort der Herren von Krasna Hora in einem angenehmen und fruchtbaren Thale zwiſchen Zamcik und Petrowitz, 7 1/2 Meile von

---

h) MS.
i) LL. Erect.

von Prag-südwärts entlegen. Die hiesige Kirche unter dem Tit. des heil. Nikolaus B. ist zwar dem Berichte der Errichtungsbücher nach schon im Jahre 1384. mit ihrem eigenen Seelsorger besetzt gewesen k), jetzt aber ist dieselbe zu der zwey Stunden von hier entfernten Pfarrkirche in Podschepiz einverleibt. Diese grosse Entlegung sowohl, als auch zwey darzwischen liegende Bäche, die sich oft stark ergießen, machen Sommer = und Winterszeit den Pfarrkindern die Reise nach ihrer Pfarrkirche unbequem und beschwerlich; es wird aber ohne Unterlaß daran gearbeitet, diesem Ungemache baldigst abzuhelfen. Im Jahre 1410. schenkte die edle Frau Magdalena verwittwete von Krasna Hora zur Anschaffung eines nöthigen Kirchengeräths 1 1/2 Schock Prager Gr. zu dieser Kirche l). Es waren hier ehedem Goldbergwerke in Umtriebe, die man aber nach der Zeit wieder eingehen ließ. Im J. 1782. wurden zu diesem Endzwecke neuerdings zwölf Bergknappen herbeygerufen, um die verfallenen Goldschachten aufzuschärfen.

91) Hostowicze oder Hostownitz von 13 N. 92) Radeschin (Radessin) von 17 N. ein Theil hiervon gehöret nach Zahradka. 93) Podmoky von 18 N. 94) Lhota Zaubalowa von 13 N. 95) Prautkowicze von 6 N. 96) Solenicze von 8 N. gehöret zum Theil nach Erdischowitz. 97) Huprich
sammt

k) LL. Erect.
l) Ibidem. Vol. 8. L. 4.

**Berauner Kreis.**

sammt den zweyen na Brzchach genannten Bauerhütten, ein Bauerhof, gehöret zu dem Gut Zduchowitz. 98) Zhorzy von 14 N. davon der Meyerhof, und eine Mühle sammt 2 Chaluppen dem Freyherrn von Zluriczky gehöret. 99) Chlistow von 5 N. davon 1 nach Jetrzichowitz gehöret. 100) Libczicz von 9 N. 101) Rzediczken, (Rzediczek) von 7 N. 102) Hotkow, Hodkow, von 6 N. 103) Kowin, Rowin von 35 N. davon 2 nach Weseliczko gehören. 104) Willin von 4 N. 105) Aubenitz, Obienitz von 27 N. mit einer Kirche, und einem verfallenen Schlosse, so ehedem den Hrn. von Krczla zugehöret hatte. 106) Ratiborz von 31 N. davon 8 nach Petrowitz gehören. 107) Malesitz von 9 N. 108) Radeschitz von 7 N. 109) Miescheritz von 32 N. davon 8 dem Freysassen Hrn. von Kunasch gehören. 110) Lhota Wlasowa von 16 N. davon 3 Freysassen sind, und 7 nach Petrowitz gehören.

## Hof Weseln oder Weseliczko.

Gehört einem königl. Freysasse Maliczek.

## Gut Streischau.

Gehört den Freyherren von Zluriczky. Demselben sind einverleibet:

P 1)

1) Skreischau, Skreissow, v. 15 N. davon 4 nach Chlumecz gehören, ein Schloß und Dorf an dem Bache Brzina 6 1/2 Meile von Prag zwischen Seltschan und Zameck gelegen, fünf Bauerngüter davon gehören zur Herrschaft Chlumecz. Der Bach Brzina entsteht nahe bey dem Dorfe Bratrzikowicze, nimmt bey Tißnowitz einen unbenannten Bach auf, eilet bey Skreischau dem Dorfe Zrubek zu, und fällt daselbst in die Moldau.

2) Gedle ein Meyerhof und eine Zügelhütte mit einer Kirche unter dem Tit. des heil. Johann von Nepomuck, die durch einen zu Skreischau wohnenden Lokalkaplan administriret wird.

3) Prziczow oder Prziczowy Luhy, ein Schloß und Dorf von 28 N. mit einer Kirche unter dem Tit. des heil. Adalbert. Das hiesige Schloß ist von den Rittern Schönpflug von Gämsenberg ehemaligen Besitzern dieses Guts aufgeführet worden.

4) Brzina auch Faktorka genannt von 11 N.

5) Unter Zhorzy eine Mühle. 6) Draskau (Drazkow) von 29 N. nebst 6 Judenhäusern, davon 1 nach Chlumecz gehöret. 7) Radobyl, Hradobyl ein Meyerhof. 8) Schaurek eine Mühle. 9) Hoyschin von 15 N.

# Gut Strzebnitz.

Gehöret jetzt nach dem Tode des Freyherrn Hradeczky von Hradecz der Frau Maria Josepha Grä-

Gräfinn Hradeczky. Hierzu sind einverleibt folgende Dörfer:

1) Strzebnitz, Trzebnicz (Strzibnicze) ein Schloß und Dorf 6 1/2 Meile von Prag südwärts zwischen Okreischau und Seltschan gelegen, zählet 30 N. davon eins nach Clumecz gehöret.

2) Worzikau (Worzikow) von 12 N. sammt dem Meyerhofe 3) Worzikowecz. 4) Allecz sammt einer Mühle von 3 N. 5) Haczek von 3 N. 6) Gezwina von 5 N., davon 2 nach Chlumecz gehören.

## Gut Kluczenitz, Kluczenicze.

Ein Dorf von 32 N., mit einem im Jahre 1639. angelegten Meyerhofe, liegt 8 Meilen von Prag, und eine M. v. Schönberg südwärts entfernt, und gehöret den Kreuzherren mit dem rothen Stern, als welche solches käuflich an sich gebracht haben. Die Pfarrkirche unter dem Tit. des heil. Johann Tauf. und Antonius Ab., war nach dem Zeugnße der Errichtungsbücher schon im Jahre 1384. mit eigenem Seelsorger besetzt; sie brannte im Jahre 1721. ab, und wurde im Jahre 1725. wieder hergestellet. Das hohe Altarblatt in dieser Kirche ist von dem berühmten Maler Peter Brandel verfertiget worden.

2) Brzesina von 4 N. 3) Kamenicze von 4 N.

Gut

## Gut Zahradka.

1) Ein Dorf und Schloß von 12 N. mit einer Kapelle, die von einem hier wohnenden Kaplan administriret wird; liegt 8 Meilen von Prag zwischen Schönberg und Petrowitz, und gehörte ehedem dem Reichsgrafen von Zucker, der jetzige Besitzer hiervon ist der Reichsfreyherr Johann Franz von Linker und Lutzenwick.

2) Vorder Chlum von 19 N. 3) Hadrow oder Hinter Chlum von 18 N. 4) Peczkow. 5) Onen Swiet, man pfleget auch diese vier Oerter insgemein Zadnj Chlumy zu nennen.

6) Bozobudy von 12 N. davon vier Bauernhöfe nach Petrowitz, und drey nach Kluczenitz einverleibet sind. 7) Luch.

## Kammeradministrationsherrschaft
### Petrowitz.

Gehörte ehedem dem Jesuiterkollegio in der Neustadt Prag, nach der Aufhebung dieses Ordens aber fiel selbe dem Jesuitenfond zu.

Der Ackerboden ist in dieser Gegend sehr schlecht, und mit häufigen Steinen bedeckt, wovon der Ackersmann kaum einen doppelten Saamen alljährig zu hoffen hat. Derselben sind folgende Dörfer einverleibt:

1)

1) Petrowitz (Petrowicze) von 41 N. davon ein Theil nach Chlumetz und Worlik gehöret, ein Dorf und Schloß, 8 Meilen von Prag südwärts, nahe an dem Schloße Zahradka gelegen, mit einer Pfarrkirche unter dem Titel des heil. Ap. Peter und Paul, und Patronatsrechte Sr. Maj. des Kaisers, die zwar schon im Jahre 1384 nach dem Zeugnisse der Errichtungsbücher ihren eigenen Seelsorger hatte, allein zur Zeit der hussitischen Unruhen wurde sie desselben beraubt, und blieb in solcher Verfassung bis auf das 1709 J., in welchem sie abermal in die Zahl der Pfarrkirchen versetzt wurde. Sie ist im Jahre 1721 erneuert, der Glockenthurm aber im Jahre 1777 von Grund auf ganz neu aufgeführet worden.

2) Boreschin (Poreſſin) von 11 N. 3) Mezyborzy von 12 N. 4) Mokrzicze von 12 N. 5) Wrblcze von 9 N.

6) Wodierady von 4 N. gehöret zum Theil nach Chlumetz. 7) Brchow von 5 N. wovon eins dem Gute Zahradka einverleibet ist.

8) Kuniczek von 9 N. 9) Braschowitz (Braſſowicze) von 28 N., dieses Gut kauften im J. 1643 den 27 May die Jesuiten einer prager Bürgerinn Dorothea Schlager um 21500 fl. ab. a)

10) Tynczany, Tymczany, von 16 N. 11) Blyſinetz, Klyſinecz, v. 16 N. 12) Wittin v. 6 N. davon eins nach Chlumecz gehöret. 13) Kunj mit drey Frey-

---

a) Hiſt. S. J. P. 4. Vol. 2. L. 4. p. 6.

Freysassen, und 5 nach Zahradka einverleibten Höfen, zählet sämmtlich 17 N. 14) **Dobrawoda** von 3 N.

## Gut Strzezmirz und Milostitz.

Gehörte vor der Schlacht am weißen Berge dem Herrn Peter Plaß Hrzimansky von Slaupna, wurde aber 1636 den 3 May von dem königl. Fiskus an Hermannen Lukawsky von Lukawecz käuflich abgetretten a).

Nach der Zeit gelangte selbes an den k. k. Feldherrn Gotthard Miseroni von Lisson, und bald darauf an die Ritter Stranik von Kopidlno, von welchen selbes der jetzige Besitzer Johann Joseph Malowecz Ritter von Malowicz käuflich übernommen hatte. Der Ackerbau ist in hiesiger Gegend von mittlerer Gattung. Her gehören:

1) **Strzezmirz**, Strzezemirz, Strzezomieczicze von 27 N. mit einem baufälligen Schlößchen, und einer Kirche unter dem Titel des heil. Gallus Ab., die schon 1384 mit eigenem Pfarrer besetzt war, nach der Zeit ist selbe mit Abtragung der alten ganz neu wieder hergestellet, und mit einem Administrator versehen worden.

In dieser Kirche ruhet die verstorbene Frau Brigitta Malowecz, gebohrne Miseroni von Lisson, eine Schwester des obgenannten Feldherrn, und Großmutter des jetzigen Inhabers.

Die

a) MS.

Die große Kirchenglocke ist mit der Jahrzahl 1502 bezeichnet. Nächst an dem Dorfe trift man eine gesunde Quelle an, die man hier insgemein mit dem Namen Philippina belegt. Ehedem war auch ein guter Kalkbruch in dieser Gegend, der aber für jetzt unbenutzt bleibt.

2) Milosticze von 6 N. 3) Czernoticze von 7 N. 4) Boinkowicz, Bunkowicz, Bonkowicze von 9 N. 5) Ober = und 6) Unterdobrzegow sämmtlich von 10 N. davon 2 nach Prtschitz gehören. 7) Libienicz, Libenitz von 16 N.

8) Boratkow, Baratkow, und 9) Sichrow sämmtlich r. 4 N. Borotinek und Hattow gehören auch zum Theil her, und sind schon bey Prtschitz vorgekommen.

# Summarischer Inhalt

der sämmtlichen Städte, Flecken, Herrschaften Güter und Dörfer, die im Berauner Kreise vorkommen.

## Städte.

| | Seite. | | Seite. |
|---|---|---|---|
| Beneschau | 159 | Přjbram | 114 |
| Beraun | 6 | Sedlecz | 212 |
| Horzowitz | 97 | Seltschan | 207 |
| Hoſſomicz | 35 | Woticz | 195 |
| Neu Knin | 146 | Zebrak | 50 |

## Flecken.

| | | | |
|---|---|---|---|
| Amſchelberg | 193 | Königſaal | 68 |
| Birkenberg | 130 | Kraſna Hora, ſ. Schön- |  |
| Budnian | 34 | berg. |  |
| Byſtřicz | 183 | Lochowicz | 92 |
| Czerhowicz | 58 | Marſchowitz | 184 |
| Chlumecz | 207 | Mauth | 45 |
| Dawle | 80 | Milin | 131 |
| Dobrziſch | 139 | Miſchek | 84 |
| Janowicz | 198 | Networzicze | 151 |
| Kameik | 215 | Neweklau | 172 |

Przicz

|  | Seite. |  | Seite. |
|---|---|---|---|
| Prezicz | 202 | Stiechowicz | 83 |
| Schönberg | 215 | Zbirow | 41 |

## Herrschaften und Güter.

|  |  |  |  |
|---|---|---|---|
| Amschelberg | 192 | Janowicz | 198 |
| Hoch Augezd | 37 | Jetrzichowicz | 204 |
| Bolechowicz | 203 | St. Joh. unter dem Felsen | 37 |
| Bukowa | 114 | Kamena | 136 |
| Chlumecz | 206 | Karlstein | 15 |
| Cholin oder Cholinsko | 146 | Klucženicz | 219 |
| Czetin | 145 | Alt Knin | 148 |
| Czernolicz siehe Wschenor |  | Groß Kniowitz | 190 |
| Czim | 87 | Königsaal | 68 |
| Dawle | 80 | Königshof | 59 |
| Dobrohost | 203 | Konopischt | 154 |
| Dobrzichowicz | 63 | Kozorž | 67 |
| Dobržisch | 138 | Krchleb | 153 |
| Drahlowicz | 92 | Leschan | 151 |
| Erdischowitz | 136 | Lhota Slowanska | 145 |
| Getrzichowicz siehe Jetrzichowicz |  | Langen Lhota, siehe Lhota Slowanska |  |
| Giherz | 109 | Litten | 62 |
| Hluboš | 111 | Lochowicz | 92 |
| Horzowicz | 97 | Mieschitz | 204 |
| Roth Hradek | 191 | Milin | 131 |
| Hradisko | 83 | Milosticz s. Strjezmirz. |  |
| Jablan | 152 |  |  |

Mi-

| | Seite. | | Seite. |
|---|---|---|---|
| Mischek | 84 | Tloskau | 178 |
| Mitrowicz | 205 | Tmein | 60 |
| Naljowicz | 189 | Tocznik | 50 |
| Netluk, siehe Jablan | | Trnowa | 79 |
| Olbramowicz, s. Janowitz. | | Trzebnicz, s. Strzebnicz. | |
| Petrowicz | 220 | Wermierzicz | 144 |
| Praskoleß | 94 | Weseln | 217 |
| Prezicz | 202 | Weselicsko, s. Weseln. | |
| Radicz | 188 | Wschenor | 68 |
| Rjibka | 63 | Woborzischt | 113 |
| Skrenschau | 217 | Wosecjan | 187 |
| Slap | 86 | Wosow | 89 |
| Smidarz | 36 | Woticz | 194 |
| Smilkau | 199 | Woykau | 193 |
| Smolotel | 136 | Wscherabicz | 87 |
| Stietkowicz | 194 | Wysoka | 135 |
| Strzebnitz | 218 | Zahradka | 220 |
| Strzezmirz | 222 | Zbirow | 41 |
| Suchomast | 61 | Zbraslaw, siehe Königsaal | |
| Sudowicz | 150 | Zduchowicz | 137 |
| Sutdol | 189 | Zebrakow | 144 |

Dörfer und einzelne Wohnstätte in diesem ganzen Kreise sämmtlich 1227.

Zerstörte Städte und Flecken 1.

Zerstörte Schlösser 25.

Zerstörte Klöster 2.

Zerstörte Dörfer ‥

www.ingramcontent.com/pod-product-compliance
Lightning Source LLC
Chambersburg PA
CBHW021816230426
43669CB00008B/768